La Palabra DE D10S

LUCAS ALMADA

LA PALABRA DE D10S / Lucas Ezequiel Almada - 1a ed. - LIBROFUTBOL.com, 2021.
180 páginas; 15,2 x 22,9 cm.

ISBN 978-987-8370-50-7

1. Deportes. 2. Anécdotas. 3. Deportes en Equipo. I. Título.
CDD 796.33409

LA PALABRA DE D10S
de Lucas Ezequiel Almada

Diseño de cubierta: Luciano Medvetkin
Maquetación: Luciano Medvetkin
Foto del autor: © Lucas Ezequiel Almada
Texto de contratapa: © Alejandro Magaldi

LIBROFUTBOL.com
Olga Cossettini 1112 - oficina 8F - Ciudad de Buenos Aires - Argentina

 ediciones@librofutbol.com

 +54 9 11 2215 1982

@librofutbol

1ª edición: julio 2021

ISBN 978-987-8370-50-7

Dedicatoria:

*En memoria de Diego Armando Maradona
(1960 - 2020).*

*Es imposible no estar triste, tu ausencia
duele, pero tu recuerdo siempre nos hará
sonreír.*

*Que este amor no se termine nunca.
Gracias, Diego...*

Agradecimientos:

*Brenda y Alex por el apoyo incondicional.
Alberto Cosín por esta posibilidad.*

ÍNDICE

PRÓLOGO 1

Maradona habló de todo y de todos. Era un fabricante de declaraciones. El mejor jugador de la historia. Genio del fútbol mundial. En él se podía ver la grandeza, la genialidad, la supervivencia, la preparación, el deseo de salir adelante, una persona con mucha confianza, líder de su casa, de sus amigos, de su familia, de las personas que dependían de él. Siendo tan pequeño tuvo que madurar y hacerse responsable de todos y, con todo eso en mente, entraba a la cancha y jugaba lesionado, jugaba con pasión, jugaba con el alma, se peleaba por proteger a sus compañeros, a su equipo, a su país. El fútbol de Diego ha sido un fútbol que los demás no han podido jugar. Diego siempre dio ventaja física contra sus rivales, pero a él solo le importaba el músculo del cerebro, que le permitió hacer todo mejor que los demás.

Le cortaron las piernas pero nunca la lengua. Se convirtió en el rey de las grandes frases. El tipo fue lo que fue, no tuvo doble discurso. Diego nunca se mordió la lengua, siempre la tuvo afilada para crear polémicas declaraciones. Pocos se libraron de su crítica.

Por su manera de ser, vivió como un Dios, pero pecó como humano. Maradona cambió su habilidad para hacer 'jueguitos' con la pelota para hacerlo con las drogas, confiado en que también la podía dominar, pero no pudo, y el 10 terminó siendo su esclavo. El juicio de la historia hará justicia y lo ubicará, tal vez, como uno de los mejo-

res futbolistas de todos los tiempos. Pudo ser mucho más que eso, pero él mismo no lo quiso. Maradona era incontrolable cuando jugaba, y más cuando hablaba.

Maradona se hizo grande dentro de una cancha y de jugador pasó a ser técnico, porque él necesitaba fútbol, vivía, respiraba y transpiraba fútbol. Diego deseaba siempre algo que le exigía estar a diario metido con el fútbol.

Diego fue un Dios terrenal, de carne y hueso. Especialista en generar títulos, dichos que le dieron vuelta al mundo. Declaraba de la misma forma en que jugaba. El astro y sus goles verbales. Cualquier mortal no hubiese aguantado ni 20 minutos siendo Maradona.

Dichosos los que podremos algún día decir:"Yo vi jugar y hablar a Maradona".

PRÓLOGO 2

A mitad de la realización de este libro ocurrió el fallecimiento de Diego Armando Maradona. Impensado que llegaría este día.

"No me importa lo que hizo con su vida, importa lo que hizo con la mía". Maradona fue y será el rey de reyes. El gran capitán. Hijo de los potreros.

Maradona era Fiorito y Dubái. Fue y será un artista, una fuente de inspiración. Nos enseñó que un ser humano puede fallar y que admitir los errores es un signo de madurez y de humildad. Si Diego fue líder siempre es porque nunca dejó de ser compañero.

Una vez le consultaron: ¿De dónde salen semejantes expresiones?, y el respondió: "Nunca me anoté ninguna, salen naturalmente".

Un trágico 25 de noviembre del 2020 se acabaron las frases.

Solo muere cuando se olvida, y nosotros nunca te olvidaremos. Serás eterno en cada corazón del planeta fútbol… Barrilete Cósmico.

1970 A 1979

1970

"Mis sueños son dos. Mi primer sueño es jugar en el Mundial, y el segundo es salir campeón de octava y lo que siga en el campeonato este".

1973

"Tengo 12 años. Estoy en séptimo grado. Soy correntino, pero vivo en Fiorito desde los 9. Mis compañeros también son buenos" (Primera nota con *El Gráfico* sobre Los Cebollitas).

1976

"Desde que me acuerdo, tengo una pelota en los pies".

"Juez, usted es un fenómeno, debería dirigir partidos internacionales" (Durante un partido de reserva, Maradona fue suspendido durante cinco fechas y postergó, involuntariamente, su debut en Primera).

"Nunca voy a cambiar mi forma de jugar" (Después de su debut en Primera División).

"Lo único que quiero es que mi viejo no trabaje más" (A los pocos días de haber debutado en Primera División).

"¿Mi ídolo? Bochini, claro. El Bocha es un jugador fuera de serie" (Dos semanas después de su debut en Primera División).

1977

"Yo de chico era fana incondicional de Independiente. Bochini es el mejor diez del país".

"Cuando el Flaco[1] me llamó para entrar, me temblaban las piernas" (Debut en la selección argentina).

---

1. César Luis Menotti.

1978

"Toda la prensa uruguaya me decía que yo era Pelé, me maltrataban desde que llegué, me hacían preguntas comprometidas y eso es lo que no me gustó. Algunas veces dije algo de la prensa uruguaya que no les gustó, entonces después me tiraban un montón de cosas encima que yo no soy".

"Tenía ganas de putear a Menotti cuando me dejó afuera en el 78" (Al enterarse de que no jugaría el mundial que se desarrollaría en la Argentina).

1979

"Me muero de ganas de conocer a Pelé. Me conformo con que me dé cinco minutos. Y si me da diez nomás, soy Gardel" (Antes de su primer encuentro con Pelé, que al final duraría una hora y media).

"Haber conocido a Pelé lo tomo como el Mundial que no tuve" (El día que se reunió con el brasileño, un año después de la frustración de no haber jugado Argentina 78).

"Yo sabía que Pelé era un dios como jugador. Ahora que lo conocí, sé que también lo es como persona".

"Pelé es el más grande de todos los tiempos".

"Haber conocido al Papa fue algo inolvidable. Me temblaban las piernas. Creí que me caía. Fue lo máximo".

"No tomé la comunión, pero soy creyente en serio. Y rezo siempre. Le agradezco a Dios todo lo que me está

dando. Este año pude ver al Papa y conocí personalmente a Pelé".

"Hace dos semanas que ya ingresé. Estoy muy contento porque me han tratado bien, siempre tratando de cumplir lo más que puedo, pero me dan libertad como para venir a los entrenamientos y a la selección" (Después de haber ingresado al servicio militar).

"Bajemos todos con el pie derecho, que de acá nos vamos campeones" (Recomendación a sus compañeros, al arribar al aeropuerto de Japón para jugar el Mundial Juvenil, su primer gran título).

"A Menotti casi lo peleo cuando me sacó contra Argelia" (Durante el Mundial Juvenil).

"No hago un gol de cabeza desde un partido contra Belgrano, en 1977. Aunque debo confesar que esa vez tampoco fue de cabeza: salté y le di con el puño izquierdo".

1980 A 1989

1980

"Yo era un pibe y no me perdía un solo partido de Independiente. Vivía en Villa Fiorito e iba a verlo en los partidos oficiales, en la Copa, en los amistosos. Los miércoles, los domingos, los viernes a la noche en los partidos televisados. Siempre me ponía en la tribuna de atrás del arco y me volvía loco con Bochini. Mi gran sueño de entonces fue jugar junto al Bocha. Cuando se me concretó, en un partido con Talleres de Córdoba en la cancha de Vélez, no lo podía creer. Fue una de mis mayores alegrías".

"El día que conocí a Pelé, me temblaron las piernas".

"Nunca le reproche nada a mi padre. Estoy eternamente agradecido. No me avergüenzo de mi infancia".

"El primer juguete que agarré fue una pelota. Caminé a los nueve meses y ya tenía una pelota para jugar".

"Mi técnico fue Francisco Cornejo desde que llegué a Argentinos Juniors, él me fue puliendo todas las habi-

lidades que tenía yo con la pelota y de ahí en más mi maestro fue él".

"Es lógico que uno si le van bien las cosas tenga dinero pero con el dinero tampoco uno va a querer llevarse todo por delante".

"Nunca quiero ser yo la figura, sino quiero que el equipo salga victorioso".

"Yo creo que el crack no es solo adentro de la cancha, sino afuera también. Para mí eso es un crack".

"No juego más. Los dirigentes no cumplen y estoy cansado de los periodistas que mienten. No juego más".

"Con la oferta que me hicieron[2], me salvo antes del primer partido".

"El Barcelona me va a dejar poner publicidad en mi camiseta. Se va a parecer al buzo antiflama de Reutemann[3], no van a entrar las calcomanías".

"Quedé muy amargado después de perder con Inglaterra. Me gustaría algún día tener una revancha" (Tras perder un partido amistoso con la selección en Londres).

"Si vos le preguntas a cien pibes con qué número quieren jugar, todos te van a contestar: con el 10".

"Me acuerdo de un gol con la mano jugando con los Cebollitas en Parque Saavedra. Los contrarios me vieron justo y se armó un lío bárbaro. Yo sé que está mal, pero cuando entro al área lo primero que pienso es en el gol, lo segundo en el gol y lo tercero en el gol".

"Después de Argentina, Estados Unidos es el mejor país del mundo".

---

2. En referencia al Barcelona.

3. Carlos Reutemann.

"Menotti tiene una personalidad especial que hace que uno le crea todo".

"Sé que no está bien hacer un gol con la mano, pero hay que estar ahí, en caliente. No digo que no lo volvería a hacer" (Tras un Argentinos-Racing).

"Neustadt[4] tiene derecho a elegir a sus entrevistados, y yo tengo derecho a decir que no quiero ser entrevistado por un tipo como él".

"Me había propuesto hacerle dos goles a Gatti[5]. Pero ahora que me dijo que soy un gordito, que me inflaron, le voy a hacer cuatro".

1981

"El pase a Boca lo inventé yo. La verdad es que Boca no tenía un sope para pagarme".

"Los penales dependen de la personalidad de cada jugador, yo pateo por mis compañeros".

"La hinchada de Boca es sensacional. La conocí de pibe cuando mi viejo, que es un hincha fanático, me llevaba a la tribuna".

"River tiene una de las mejores hinchadas del mundo, después de la de Boca".

"Con la derecha soy de madera".

---

4. Bernardo Neustadt, experiodista.
5. Hugo Gatti.

"Parecía que el piso se me movía" (Debut en Boca Juniors).

"Lo que más me gusta del fútbol es la pelota. Todo lo demás, cansa".

"Cuando no tenía nada, era el nenito mimado. Después me vengo grande y la cosa ya no es igual. Así no me gusta ser ídolo".

"Me di cuenta de una cosa: el hincha de Boca no quiere solamente triunfos. También le gusta el fútbol bien jugado. Ojalá todos los clubes tuvieran una hinchada como la de Boca".

"Si Boca no puede terminar de pagar mi pase, me muero. Se me derrumbaría todo porque me hice muchísimas ilusiones con Boca. Ahora sé lo que vale esta camiseta".

"El Mundial 82 ya no me obsesiona. Yo quería el del 78".

"Yo no estoy acostumbrado a jugar parado, yo voy a jugar un partido normal, porque respeto a la gente. Si me tengo que desgarrar, me desgarraré".

"No hay jugadores que ganen partidos. Todos ponemos algo para ganar. Cuando ganamos, ganamos los once, y cuando perdemos, perdemos los once. Acá no hay ningún salvador ni hay culpable cuando hay una derrota".

"Argentinos Juniors debe ser uno de los equipos mejor estructurados del fútbol argentino, sin ninguna duda. Boca está en formación".

"No puedo hacer las cosas normales que quisiera, de un pibe de 20 años, pero trato de vivir la realidad. La gente quiere un autógrafo de su ídolo, y bueno, yo estoy a disposición. Trato de hacer lo que hace un chico normal de 20 años pero cuidándome de lo que soy".

"Quiero agradecer a Freddie[6] y a los Queen por hacernos tan feliz. Ahora, 'Otro muerde el polvo'" (Marzo, 1981, el astro del fútbol pasó un momento junto a la famosa banda británica e incluso fue invitado al concierto de Queen en Argentina).

"Cada vez que salgo a una cancha trato de defender la camiseta que tengo con toda mi vida. Tanto lo hice en Argentinos Juniors, como en la Selección y ahora en Boca".

"Me estoy cansando, cada día me saturo más, no aguanto más. Quiero largar el fútbol. Cumplo el contrato con Boca y dejo el fútbol por un tiempo".

"A la única que le debo algo es a mi mamá, que me trajo al mundo".

1982

"La gente tiene que entender que Maradona no es una máquina de dar felicidad".

"Yo noto más agresividad en los contrarios desde que estoy en Boca. Agresividad física y verbal. Algunos me dicen:'¿Y vos vales 10 millones de dólares?' Otros me menosprecian porque salí de la villa. Creen que diciéndome 'villero' me van a ofender. Pobre de ellos".

"Lo más importante es mi familia. Con ellos me río del Maradona estrella. En casa, los reyes son mis viejos y

---

6. Freddie Mercury.

mis hermanos. Puedo quedar mal con cualquiera, pero no con ellos".

"En Argentina hace rato que no pueden hablar más de Maradona y de fútbol. Hasta ahora, con Maradona y la Selección, tapaban todo" (En relación a la Argentina y el poder).

"Pelé habla demasiado. Tendría que cerrar la boca".

"Pelé era mi ídolo como futbolista, pero como comentarista tiene más quilombos que yo en la cabeza".

"Lloro pero de felicidad. A mí se me caen las lágrimas por todo lo lindo. Por ejemplo, cuando mi hermano viene a darme un beso creyendo que estoy dormido y yo lo siento. O cuando veo reír a mis viejos de felicidad. Ahí lloro y doy gracias a Dios por tanta alegría".

"Es el sueño de todo jugador venir al mejor club de todo el mundo" (Llegando al Barcelona).

"En el mundial soy capaz de ir al arco con tal de estar en la cancha".

"César es un fenómeno, como tipo y como entrenador".

"Lo del número 10 es psicológico. Estoy seguro de que si Menotti me da la 8, aunque me diga que juegue de 10-10, no sería lo mismo, no me sentiría bien".

"Prefiero hacer un gol a un costado del arquero que tirarle un caño. Cambio un gol por diez túneles. Creo en mi habilidad a muerte, pero quiero ganar siempre".

"Nos creíamos los mejores antes de jugar" (Luego del Mundial de España).

1983

"Yo con mi parte de atrás no puedo hacer *foul*, no entiendo cuando me cobran *foul* estando yo de espalda, eso es lo que quiero que entiendan los árbitros, quiero que lo entienda la gente que me marca a mí. Si ellos no me agarran, yo puedo ir para adelante, pero si ellos me agarran yo me tengo que agarrar de ellos, es una cosa lógica".

"¿Así que el presidente no quiere dar la cara? Yo voy a esperar cinco minutos, si no me dan el pasaporte, todos estos trofeos que están acá, que son divinos, que son de cristal, los voy a tirar uno por uno" (En la sala de trofeos del Camp Nou cuando el presidente, José Luis Núñez, no le quería entregar su pasaporte para viajar a la despedida de Paul Breitner).

1984

"Yo no soy ningún mago. Yo soy Diego, el que nació en Fiorito. Pero los magos son los que viven allá, en Fiorito. Son magos porque viven con mil pesos por mes".

"Jorge, vos me traes problemas, no pesetas" (A Jorge Cyterszpiller, su primer *manager*).

"En Barcelona me sentía un extraño. Me trataron como si fuera un extranjero que les venía a robar la plata".

"Todos vinieron hacia mí y pasó lo que tenía que pasar. No hubo patadas alevosas. Todos fuimos de frente. Voy a ir a jugar a Bilbao cuando sea preciso" (Escándalo en

el Bernabéu con la final de la Copa del Rey entre el Athletic de Clemente y el Barcelona de Maradona).

"Vine con mucha ilusión, pero el catalán es especial. La gente me trató bastante mal, como si fuera un enemigo".

"A la juventud argentina le digo que no se vuelque a las drogas".

"En el Mundial 82 se cometieron muchos errores. También hubo errores en el 78, pero como se ganó el campeonato nadie dijo nada. Yo no soy vigilante, pero el triunfo hace olvidar".

"Buenas tardes, napolitanos. Me siento muy feliz de estar con ustedes. Les agradezco la acogida y espero hacer grandes cosas junto a ustedes. Forza Napoli" (El día de su presentación en el Napoli. Luego hizo 16 jueguitos con la pelota y la pateó al aire).

"Quiero convertirme en el ídolo de los pibes pobres de Napoli. Son como era yo en Buenos Aires"(El 5 de julio lo recibieron 80 mil personas en el Sao Paolo).

"Son rumores falsos, me acusan de ser rico, pero mi mente es pobre porque quedó la misma que tenía años atrás, cuando jugaba en las calles de Buenos Aires. Soy rico, pero de espíritu" (En Nápoles).

"Hay muchos periodistas argentinos que tienen la mente muy podrida. Yo tengo una carpeta con los tipos que se la pasaron hablando estupideces de mí todo el tiempo. Dentro de cuatro años voy a volver al país y juro que los voy a ir a buscar uno por uno, voy y los peleo".

1985

"Nápoles me tomó como una bandera y quiero ser la bandera de ellos, porque sé todos los problemas que tienen. Esa gente hace sacrificios para comprar la entrada, para sacar los abonos. Pero están, siempre están. Eso me hizo identificar con ellos desde el primer día. Creyeron en mí. Me dieron todo sin conocerme y eso no se puede olvidar. Sería ingrato de mi parte".

"Por un altercado con un tipo que me pidió un autógrafo, una vez me metieron en una celda hasta las seis de la mañana, pero enseguida me hice amigo de los presos, comí con ellos un sánguche de mortadela y los entretuve hasta la madrugada haciendo jueguitos con una naranja".

"Salgo con una nami[7] y me sacan fotos desde dos mil metros".

"En un año, el Turco será el mejor futbolista de la Argentina" (Un voto de fe hacia su hermano Hugo).

"A Passarella[8] lo quiero en mi equipo toda la vida. Es mi amigo".

"Al 'pelado' Díaz[9] lo quiero en la Selección".

"Acá el único salvador que conozco es Bilardo, que se llama Carlos Salvador".

"Muchas veces me aconsejaron que pegara. Pegué una patada[10] y me expulsaron. Todavía hoy me arrepiento. Y aprendí a valorar más lo que pienso: hay que jugar al fútbol. Jugar y jugar".

---

7. En referencia a *mujer*.
8. Daniel Passarella.
9. Ramón Díaz.
10. Contra Brasil en España 82.

"Soy un privilegiado, pero únicamente porque lo quiere Dios. Porque Dios me hace jugar bien. Me hizo nacer la habilidad. Por eso me persigno siempre que entro a una cancha. Me parece que estaría traicionándolo si no lo hiciera".

"Bilardo[11] no abruma a nadie. Al jugador le dice las cosas que él quiere en la cancha, pero no impone ni obliga. Carlos da todas las libertades del mundo".

"Con Bilardo, cuando entras a un vestuario, es como si entraras directamente a una reunión".

"Algunos me dicen que soy un fenómeno porque no reacciono cuando me pegan. Para otros soy un miedoso. Pero no les hago caso. Yo juego".

"A Menotti le agradezco para siempre lo que me dijo cuando me dejó afuera de la Selección en el 78. Me habló como se le habla a un hijo y no lo voy a olvidar jamás".

"La llegada de Menotti al Barcelona fue como si hubiera salido el sol".

"El Flaco te convence con dos palabras. Es más seductor que Bilardo y trasmite más seguridad".

"Passarella es ídolo mío y de todos los argentinos, no tengo absolutamente nada contra él".

"La prensa italiana es dura, pero respetuosa".

"Nadie toma conciencia de que en África mueren 30000 niños por día".

"Lo malo que tenemos los argentinos es la facilidad para desprestigiar lo nuestro. Parece que el deporte nacional es hablar mal de los de adentro".

---

11. Carlos Bilardo.

"Estoy muy emocionado porque el Papa me recibió junto a mi familia y por la gentileza que nos demostró. Fue una de las cosas más lindas e importantes que viví".

"Es algo que no se puede decir con palabras, es como tocar el cielo con las manos. Fue increíble" (A la salida del Vaticano, tras reunirse con Juan Pablo II).

"En el cajón de mi casa tengo como 200 cintas de capitán. Cuando estoy de gira, siempre entro a una tienda y me compro cintas de capitán".

"Pasé de chico mimado a casi delincuente".

1986

"La mujer es lo más lindo que hizo Dios sobre la tierra".

"Cuando hago un gol, pienso en mi mamá. Todos los goles son de ella".

"En Fiorito a veces faltaba plata, pero nunca felicidad. La pucha si éramos felices".

"¿Que yo intente reconciliar a Bilardo y Menotti? Eso no lo arregla ni San Martín".

"No me importa ser el número uno. Me conformo con no ser uno de los peores y sé que no lo soy".

"Pelé hubo uno solo. Los demás venimos en segunda línea" (Un mes antes del Mundial de México).

"Quisiera saber aquellos millonarios ¿dónde encuentran la felicidad? Yo la encuentro jugando al fútbol y

quiero que todos los chicos primero piensen en el fútbol, en ser sanos y después sí, en tener un futuro".

"La FIFA es un organismo que desprecia a los jugadores, cuando debería cuidarlos y consultarlos sobre la programación de los mundiales".

"Yo lo veo a Daniel[12] y veo un ejemplo para todos. Ganó todo y tiene la humildad de un pibe que recién empieza. Se mata entrenando. Nunca lo vi tan feliz".

"La marca de Gentile[13], al lado de la del coreano Cho Kwang-Rae, fue un juego de señoritas" (Sobre la violenta persecución que le brindó el coreano en el partido por primera fase de México 86).

"Le quiero pedir a los argentinos que recen, porque lo necesitamos" (21 de junio de 1986, el día anterior al partido contra Inglaterra).

"¿Qué Maradona? Gritemos todos: ¡Ar-gen-tina!" (Arenga a sus compañeros en el vestuario del Estadio Azteca luego de ganarle a Inglaterra 2 a 1).

"Lo juro por lo que más quieras. Salté junto a Shilton[14] pero le di con la cabeza. Lo que pasa es que se vio el puño del arquero y por eso la confusión. Pero fue de cabeza, no tengan ninguna duda. Si hasta me quedó un chichón en la frente. Lo hice con la cabeza de Maradona pero con la mano de Dios" (22 de junio de 1986, una hora después de su primer gol a los ingleses, en el vestuario del Estadio Azteca).

"No sé qué dirán los *tapes* ni las fotos, yo sé que lo hice con la cabeza. Muchos dicen que lo hice con la mano. Yo digo que lo hice con la cabeza y la mano de Dios".

---

12. Daniel Passarella.
13. Claudio Gentile.
14. Peter Shilton.

"Fue un lindo gol, pero no una maravilla. Raquel Welch es una maravilla, no un gol" (22 de junio de 1986, después de su segundo gol a los ingleses, en el vestuario del Estadio Azteca).

"Cuando lo gambeteé a Shilton, me dije a mí mismo: 'Adiós, papito', y se me dio" (22 de junio de 1986).

"El segundo gol se lo debo a mi hermano el Turquito. En 1981, en Wembley, perdimos 3 a 1 y el Turco, que era un chiquito de 11 años, me llama y yo casi le pego un bife cuando me dice: 'Pelusa, vos te equivocaste, porque cuando enfrentaste al arquero tenías que haber enganchado para afuera'. Y ayer, cuando enfrenté a Shilton, me acordé del Turquito y le hice caso: enganché para afuera. Tenía razón" (23 de junio de 1986).

"Empecé a divertirme cuando recibí la pelota en mitad de cancha" (En el segundo gol a los ingleses).

"En diarios mexicanos, y no sé si en algún periódico argentino, me hacen autor de la frase que el primer gol lo hice 'Con la mano de Dios', y es totalmente falso. Lo que yo dije fue que salté y la pelota me pegó, pero que no lo hice a propósito. Hasta pensé que la había metido Shilton en contra" (23 de junio de 1986, el día después del partido ante Inglaterra).

"Cuando entró el Bocha[15], me parecía tocar el cielo con las manos. Y cuanto tiré una pared con él, estaba tirando una pared con Dios" (1986, tras el partido contra Bélgica, en el Mundial).

"Todo el mundo habla con sorpresa de mi buen Mundial. Hasta me llamó mi vieja y me preguntó: 'Nene, ¿qué estás comiendo que jugás tan bien?'".

---

15. Ricardo Bochini.

"Mi juego es ampliamente responsabilidad del doctor Carlos Salvador Bilardo" (29 de junio de 1986, el día en que Argentina ganó el Mundial de México).

"El título del mundo se lo dedico a todos los que nos mataron sin piedad y a todos los niños del mundo".

"El día en que mis hijos me pregunten por algún ejemplo de un hombre grande, pero grande de verdad, no dudaré un segundo en decirles: Bilardo".

"Agradezco que me consideraran el mejor jugador del Mundial, pero yo triunfé con Argentina, no gané solo".

"Quiero llegar a Argentina para entregarle la Copa del Mundo al presidente Alfonsín[16]".

"Estoy a muerte con Bilardo".

"Cuando salí al balcón de la Casa de Gobierno para saludar a la gente, me sentí el presidente de la nación".

"Agradezco los elogios, pero ciertas comparaciones, como las que me hicieron con Pelé, me parecieron exageradas" (Un mes después del Mundial de México).

"Ganar el Mundial fue la mejor experiencia que me pasó en mi vida de jugador".

"No es cierto que soñara ser campeón del mundo. Simplemente quería llegar a jugar un domingo en Primera con la cancha llena. El resto, todo lo que estoy viviendo, es de regalo".

"Yo la camiseta 10 no se la voy a dejar a nadie, salvo a mi hermano Hugo".

---

16. Raúl Alfonsín, presidente de la Nación Argentina entre 1983 y 1989.

"La Selección del 82 tenía mejores jugadores, pero no tenía hambre de gloria".

"¿Quién soy? El pibe de Villa Fiorito que una tarde de 1986, en el Estadio Azteca de México, se puso a llorar cuando recibió la Copa del Mundo".

"Si el Napoli no contrata de acá a dos años a mi hermano Hugo, me voy de Italia".

"¿No tiene aire acondicionado ni estéreo? Bueno, entonces que se la metan en el culo" (Tras el Mundial de 1986, anécdota contada por Guillermo Coppola sobre la Ferrari negra que le consiguió a Diego y que se la hizo pagar al presidente del Napoli Corrado Ferlaino).

"Después que largue el fútbol, se acabaron los negocios para mí. Me dedicaré a mi familia y me gustaría vivir en un lugar tranquilo".

"Hace 15 días que no puedo dormir. Esta historia inventada del chico me hizo perder el sueño. Me banco que me digan mujeriego, atorrante o lo que sea, pero no que me inventen un hijo" (Cuando una, hasta entonces desconocida, Cristina Sinagra anunció que había dado a luz un hijo de Diego).

1987

"Yo soy simplemente un jugador de fútbol y tengo la conciencia tranquila. En mi actividad, estoy siempre a disposición de mi país cuando este me necesita".

"No estoy en contra de los homosexuales. Me parece bien que existan, porque de esa manera dejan más mujeres libres para los que somos machos de verdad".

"Con Claudia[17] no podemos salir. Fuimos a una zapatería y casi la tiran abajo, fuimos a comprar los aritos para la nena y rompieron todo. Vivo entre cuatro paredes. Hace dos años que vivo en Nápoles y no conozco la ciudad".

"¿Qué es ser padre? Estoy más boludo que nunca. Si la nena hace un ruidito, pego un pique como si fuera entrar al área".

"Pelé es homosexual".

"De Barcelona me fui y los argentinos quedamos como unos hijos de puta. Acá en Nápoles decís que sos argentino y te dan la mitad de un sánguche".

"Esta vez no me sentí cómodo con Bilardo. Tenía ganas de decirle: 'Carlos, pare un poco la mano'. Lo vi muy obsesionado, no me gustó para nada. Necesito que me deje un poco en paz, que no cargue todo sobre mí. Actuando así, lo único que hace es complicarme la vida. Tanta presión no me ayuda y no me gusta. Así me agota".

"Bilardo no puede programarme la vida como si fuera una computadora".

"Menotti, como hombre, no existe".

"Cuando me dicen que soy Dios, respondo que solo soy un jugador del Napoli".

"A Passarella lo invito a poner una mesa en el medio de la cancha de River para sentarnos a discutir todo lo que él quiera".

---

17. Claudia Villafañe.

"Voy a terminar mi carrera en General Lamadrid, que está cerca de mi casa, jugando de 2".

"En Cuba no vi chicos descalzos por las calles".

"Creo en Hugo Chávez. Soy chavista. Todo lo que hagan él y Fidel[18], para mí es lo mejor".

"Butragueño[19] es 10 veces mejor que Hugo Sánchez".

"Butragueño es la gran figura del Madrid, aunque se enoje conmigo Hugo Sánchez. Lo siento por el mexicano. Al Buitre solo le falta tener a Maradona al lado, bueno, en serio, no le falta nada. Es uno de los mejores del mundo, la gran figura. Yo comprendo que toda Italia esté loca por él. Me gustaría jugar con él".

"Es el definidor de todo lo bueno del Madrid. Llega y las mete todas, tiene gran calidad y es el complemento ideal para Michel[20] y Butragueño, para un equipo en el que cualquiera puede definir un partido" (Sobre Hugo Sánchez).

"Sacando a Butragueño, Michel es el mejor, lejos".

"Jugar sin público es jugar adentro de un cementerio" (Luego de un partido a puertas cerradas entre Real Madrid y Napoli, en el estadio Santiago Bernabéu de Madrid).

"A los 30 años quiero estar de regreso en Argentina para jugar en Boca Juniors. Claro que si para entonces apareciera el Real Madrid, a lo mejor postergaría el regreso un par de añitos. Jugué en Boca Juniors, en Barcelona, en el Nápoles, al Juventus no quiero ir. Solo me faltaría jugar en el Real Madrid".

---

18. Fidel Castro.
19. Emilio Butragueño.
20. Michel González.

"Recuerdo los retos que me daba mi vieja cuando me compraba zapatillas y al día siguiente ya se me escapaban los dedos porque las rompía jugando a la pelota. En esa época soñaba con ser conocido cómo Rojitas o Pavoni".

"Fidel Castro es un fenómeno".

"Salir campeón con Boca en el 81 era una obligación. Salimos campeones, lo viví intensamente por mí, por mi familia, por la hinchada y listo. Nada especial. En cambio, salir campeón con el Napoli fue una hazaña".

1988

"Me encanta el tango. Yo canto, canto mucho, lo hago muy mal, eso es cierto también, pero el que no prueba, no sabe nunca cómo le va a ir. Entonces a mí me gusta probar siempre".

"El periodismo menottista traicionó a esta Selección".

"¿Quién tiene la Copa del Mundo en el bolsillo? Nosotros, los bilardistas, y conmigo adelante de todos, porque soy el primer defensor de Carlos a capa y espada".

"Ni por cien millones de dólares dejaré de ser argentino. Ser argentino es un sentimiento, y los sentimientos no tienen precio".

"Yo represento, para la mayoría de las personas que van a ver fútbol, el pibe que les hubiera gustado ser".

"Tengo derecho a opinar, a hablar de lo que se me antoje, y lo voy a ejercer cuantas veces pueda".

"No puedo entender como hay jugadores a los que los felicitan porque hicieron un buen trabajo sin pelota".

"No perdí la sonrisa. Prefiero guardármela para mi casa. Allí hay toda gente de confianza y sé que no van a malinterpretar mi ánimo".

"Cuando me dicen que soy Dios, yo respondo que están equivocados. Soy un simple jugador de fútbol. Dios es Dios y yo soy Diego".

"La noche nos gusta a todos. Y más a los jugadores de fútbol, porque tenemos facilidad de movimientos en el cuerpo y somos, justamente por eso, muy buenos bailarines. Esa es la razón por la cual a la mayoría de los jugadores nos gusta salir. Con equilibrio, una salida no le hace mal a nadie. Pero eso sí, personalmente no cambio una noche por un partido".

1989

"Mi familia debe comprender que solo soy feliz jugando al fútbol" (Al explicar por qué jugó la Copa América en vez de tomarse vacaciones).

"Me siento hijo de Nápoles desde el primer día".

"Yo no puedo pedir el DNI o prontuario a todos los que se sacan fotos conmigo" (Cuando salieron a la luz fotos suyas con miembros del clan Giuliano).

"Que había Camorra, no lo voy a negar. Pero yo nunca hice negocios con ellos, ni me rompieron los huevos. Reconozco que ese mundo era algo atrapante. Me ofrecían ir a los clubes de fans, me regalaban Rolex de oro y has-

ta me dieron la primera Volvo 900 que hubo en Italia" (Se publicó una foto suya con Carmine Giuliano, capomafia de Nápoles).

"No estoy gordo. Estoy hinchado".

"Soy hombre de una sola palabra".

"Cuando me atacan no lloro. Me da bronca, mi corazón late de rabia, pero no lloro".

"A Caniggia[21] le envidio el pelo que tiene y su éxito con las mujeres".

"Menotti dice estupideces, que yo antes era de Independiente y después me hice de Boca. Para que sepa, yo a los rojos los iba a ver con el Colorado, el marido de mi hermana la Quiti. Pero viene a dudar de que soy o no de Boca. Mejor que aprenda un poco de coherencia, que es lo que le falta".

"Menotti me dio todo y me sacó todo".

"Antes me peleaba por él. Ahora me dejo pegar" (Por César Luis Menotti).

"A Ramón[22] no le perdono las boludeces que dijo sobre la Selección".

"No hablo de política en público, forma parte de la coherencia que quiero imponer en mi vida".

"En aquellos inolvidables días de México 86, Dios estuvo conmigo".

"Cuando no era nadie y tuve una actitud incorrecta, no pasaba nada. Pero ahora es diferente. Un gesto mío que no le gusta a la gente y ya salen a decir que estoy agran-

---

21. Claudio Caniggia.
22. Ramón Díaz.

dado, que la fama me cambió. Pero me río de eso, soy el mismo de siempre".

"¿Cómo me preparé para el casamiento? Hace cuatro meses que no me como más las uñas. Le había hecho la promesa a Claudia y a las nenas: 'Me voy a casar con las uñas como la gente'. Y les cumplí. Una pinturita".

"A Fidel lo invité porque quería tener un pedazo de la historia en mi casamiento".

"Es una lástima que Menem[23] no haya podido venir a mi casamiento. Quería de todo corazón que el presidente viniera a mi fiesta. Es un hombre sensacional".

"No quiero hacer la cuenta de lo que gasté en el casamiento porque, si no, me desmayo".

"Te he visto, jugás como yo" (Le dijo Maradona al entonces jugador de Racing de Avellaneda John Edison Castaño).

"Y sí, soy un cabecita negra, ¿cuál es el problema? Nunca renegué de mis orígenes. Les duele que haya hecho una fiesta así" (Por las críticas por su fastuoso casamiento).

"Mis hijas van a comer caviar toda su vida".

"A Ferlaino[24] no puedo darle la mano ni mirarlo a la cara nunca más, te lo juro por Dalmita".

"Voy a imponer mi rebeldía en el Napoli. Se metieron conmigo y van a bailar".

---

23. Carlos Menem, presidente de la Nación Argentina entre 1989 y 1999.
24. Corrado Ferliano, presidente de Napoli.

"Si se llegan a meter con Dalmita, en vez de chicles, compro granadas y se las tiro por la cabeza" (En un momento de crisis con los dirigentes del Napoli).

"Le pido a Ferlaino que me ceda. No quiero irme por plata, sino por motivos familiares. Napoli me dio todo, ahora quisiera que me dejara contento una vez más. Cediéndome, Ferlaino tiene la posibilidad de construir un gran equipo alrededor de Careca".

1990 A 1999

1990

"Carlos es como un padre para mí, me gustaría que mis hijas tuvieran sus principios".

"Sanfilippo[25] es un vende patria. Se olvidó que Maradona es argentino" (Luego de que Sanfilippo dijera que Pelé fue mejor que Maradona).

"Antes de México 86 dijo que yo era un barrilete y que el equipo no pasaba de primera rueda. Ojalá que ahora no nos dé como favoritos y, como dicen en Italia, 'sea porta male'" (Antes del Mundial, acusando a Cesar Luis Menotti de mufa).

"Ese individuo[26], conmigo, no tiene nada que ver. Ese tipo me molesta".

"Yo no pongo ni saco jugadores, pero si sale la lista y Caniggia no está, Italia 90 se queda sin Maradona".

---

25. José Sanfilippo.
26. En referencia a César Luís Menotti.

"Bilardo me mató" (Cuando el técnico excluyó del Mundial a Jorge Valdano).

"Quiero decirle gracias al señor presidente por este pasaporte. No tanto por mí, sino por mi mamá y mi papá, que deben estar muy orgullosos por esto. Gracias. Voy a representar y a defender a la Argentina en la cancha" (Cuando Carlos Menem lo nombró embajador deportivo itinerante de la República Argentina).

"La Copa del Mundo me la van a tener que arrancar de las manos" (Antes del Mundial).

"No fue otra Mano de Dios. Hay que comprender que los árbitros se pueden equivocar y que no tienen posibilidad de rectificación" (Luego de cometer con la mano un claro penal -no sancionado- a favor de Unión Soviética).

"Que los panqueques, esos que se dan vuelta, no festejen, que sigan hablando maravillas de Brasil, Alemania e Italia" (Tras el inesperado triunfo ante Brasil en el Mundial).

"Nosotros, los Maradona, dormimos arriba de un árbol y cuando dormimos no queremos que nos moleste nadie" (Entrevistado antes de enfrentar a Yugoslavia).

"Nos van a tener que sacar la Copa de adentro del corazón" (Turín: Argentina derrota a Yugoslavia por penales y se mete entre los cuatro mejores del mundial).

"Italia se acuerda de Nápoles porque hay que jugar un partido importante y pide apoyo. Pero después, durante los otros 364 días del año, no se la reconoce como una parte de Italia. Nápoles siempre fue despreciada por el resto del país" (El día previo a la semifinal del Mundial entre Argentina e Italia, en Nápoles).

"Me disgusta que ahora todos les pidan a los napolitanos que sean italianos y que alienten a la selección.

Nápoles fue marginada por el resto de Italia. La han condenado al racismo más injusto".

"Cuando apareció mi imagen en la pantalla gigante, yo sabía que todos me estaban viendo. Por eso les dije bien clarito, para que me entendieran en cualquier idioma: 'Hijos de puta, hijos de mil puta'. Lo dije despacito, como si se lo estuviera diciendo a cada uno en el oído. 'Hijos de puta'.Eso eran" (Final de Italia 90 en Roma, donde se silbó el himno argentino).

"¿Milagro? No, hicimos un gran partido" (Luego del triunfo ante Italia en el Mundial).

"Acá hubo una mano negra. Lástima que no tenga certeza para dar nombres y apellidos. Codesal[27] tenía miedo que Alemania llegara a los penales. Yo esperaba que esta mano negra no fuera tan grande, pero me dieron un bife grande" (Minutos después de perder la final del Mundial contra Alemania).

"Nunca imaginé que hubiera gente que se alegre por mi tristeza".

"Me duele en el alma, dejo un equipo que amo, pero me obligaron. Me mintieron, me dejaron mal parado" (Anuncia su retiro de la Selección).

"Tengo enemigos, pero no dan la cara. No los conozco porque nunca se tiraron de frente conmigo".

"El título del 86 fue mucho más meritorio que el del 78, cuando comandaban los militares y con todas esas cosas raras que se dijeron".

---

27. Edgardo Codesal, exárbitro.

1991

"Siempre fui el rebelde de la historia, por eso no le di la mano a Havelange[28] en la final de Italia 90".

"Antes de Italia 90 dije, y tengo testigos, que el único que nos podía salvar era Ramón Díaz".

"Mi pequeña revolución es defender a la gente, no como héroe, no como un Dios inalcanzable, sino como un simple jugador de fútbol".

"Si de algo soy consciente es que la gente no debo defraudarla nunca, porque se divierte con mi juego y olvida alguna de sus penas".

"Una vez que me escapo de mi esposa, me pasa esto. Me quiero morir" (26 de abril de 1991, el día en que fue detenido bajo efectos de la cocaína en el edificio de la calle Franklin, en el barrio porteño de Caballito).

"Los italianos nos están haciendo pagar la eliminación del Mundial 90" (Cuando el control *antidoping* le dio positivo en el Napoli).

"Es indudable que Coppola[29] no es más mí amigo, pero lo defiendo a muerte: él no me obligó a nada".

"El deporte nacional en Argentina es engañar a la gente".

"Pelé es una marioneta de la FIFA y un mandadero de Havelange".

"Yo iba todos los miércoles a ver a Independiente, porque me llevaban a ver la Copa Libertadores y me siento muy orgulloso de eso, pero mi corazón es azul y oro. A

28. João Havelange.
29. Guillermo Coppola.

Boca lo siento y lo quiero de una manera especial. Soy fanático. No puedo vivir sin Boca".

"Soy un defensor de Bilardo a muerte. Hasta lo veo cada día más lindo. Creo que inclusive se le deshinchó la nariz".

"Basile[30] le dio a la Selección lo que la Selección merecía".

"Los hinchas napolitanos me han amado todavía más que los argentinos. Fueron apasionados, incondicionales, pero después del Mundial de 1990 entendí que ya no tenía nada que hacer en ese país. Me sentí mal, y recibí muchos ataques injustos: en Italia mucha gente me quería destruir y solo los napolitanos intentaron defenderme".

1992

"Yo era muy burro, no quería ir mucho a la escuela. Yo hoy sí tengo que dar un consejo: la escuela es imprescindible. Era muy vago, yo me moría por jugar la pelota".

"Miren que me han puesto apodos, pero Pelusa es el que más va conmigo porque me devuelve a la infancia en Fiorito. Me acuerdo de los Cebollitas, de los arcos de caña cuando jugábamos solamente por la coca y el sándwich. Eso era más puro".

"Hoy le pusimos el pie en la cabeza a la mano negra" (En referencia a la FIFA, el día en que jugó el partido ho-

---

30. Alfio Basile.

menaje a Juan Gilberto Funes, pese a que estaba suspendido por *doping*).

"Si me muero, quiero volver a nacer y quiero ser futbolista. Y quiero volver a ser Diego Armando Maradona. Soy un jugador que le ha dado alegría a la gente y con eso me basta y me sobra".

"No soy político. Me doy cuenta de que no me gustan las injusticias. Tampoco quiero ser Robin Hood pero nunca me voy a callar ante lo que crea injusta. Esa fidelidad no les gusta a los grandes, al poder".

"¿Jugar en el Real Madrid? ¿Por qué no? ¿A quién no le gustaría jugar en ese equipo?".

"Lloro de rabia también, de estos años sin poder jugar, sin poder trabajar, sin poder hacer lo que uno quiere, por capricho de alguien o por error de uno, pero es lindo que le tiren de la oreja y no que lo quieran matar. Y quiero dedicarle también todo esto al fútbol argentino y a los argentinos en particular, y unas gracias enormes con toda mi vida a la gente del Sevilla".

"Mi debut en el Sevilla solo es comparable a la alegría que sentí el día que nacieron mis hijas".

"Lo que pasa es que la gente le gusta divertirse cuando va a un campo de fútbol. Y yo juego para divertir a la gente. Esa es la mayor fuerza que tengo. La única".

"Viví el partido como loco, como un hincha más, y casi me muero cuando Navarro Montoya le atajó el penal a Hernán Díaz" (Diego en la tribuna de Boca alentando a la par de la 12).

"Cuando largue el fútbol, se acabaron los negocios para mí. Me dedicaré a la familia, a disfrutar de los hijos. Viviré en algún lugar tranquilo, lejos de la ciudad. Quisiera ser un ciudadano más y no andar de acá para allá. Sería lindo volver a jugar por el sándwich y la Coca".

1993

"Redondo[31] me clavó un puñal en la espalda cuando renunció al Mundial de Italia".

"Estoy 'driblando' a Redondo, me hace *foul*, yo estoy en el piso agarrándome el tobillo y veo que el árbitro le saca tarjeta amarilla a Pizzi[32]. Le digo al árbitro: 'Pizzi no fue', el árbitro no me hizo caso y me sacó tarjeta roja a mí. Y yo le voy a decir al línea si estaba de figura decorativa ahí" (Tras su expulsión ante el equipo de Tenerife).

"¿Cómo no tengo ningún derecho, si yo soy parte del espectáculo? ¿Cómo no voy a tener ningún derecho?".

"Cappa, Valdano y Redondo no pueden disfrutar ni una copa de *champagne*" (Luego de la goleada 3-0 del Tenerife de estos tres menottistas contra el Sevilla de Diego y Bilardo).

"Bilardo, la puta que te parió" (Cuando el técnico lo reemplazó durante el partido Sevilla-Burgos).

"Esto lo tengo que arreglar con Bilardo como hombre, si es que Bilardo es hombre".

"Si el presidente Cuervas[33] me quiere echar, que lo haga, así me vuelvo a casa con mi mamá".

---

31. Fernando Redondo.
32. Juan Antonio Pizzi.
33. Luis Cuervas.

"En las eliminatorias, la pelota se hace de fierro".

"Basile se emborrachó con dos Copas América. Si me convoca a la Selección, no voy ni a palos. Yo no me emborraché ni con un Mundial".

"Cuando vino el Indio[34], me dijo que plata no había, pero que me iba a sentir bien. Entonces miramos el contrato con la Claudia y acepté. Me impactó el calor futbolístico que tiene Rosario, se respira fútbol" (Antes de firmar con Newell´s).

"Firmé un contrato con Newell's y lo voy a respetar a muerte".

"Son los últimos años de mi carrera. Entonces, lo quiero hacer de la mejor manera. No quiero robarle la plata a nadie. Si algún día ven que no puedo dar todo lo que puedo dar, les doy la mano y seguimos tan amigos como antes. Pero estoy enchufado como nunca" (En Newell's).

"Para mí, Rosario es Hollywood. De acá no me echa nadie".

"Ya he pasado por varias de estas, pero nunca me emocioné como hoy. Mi regreso, el gol y todo lo que yo pueda hacer se lo voy a dedicar siempre a los hinchas del fútbol argentino, los que siempre estuvieron conmigo, sin condiciones" (Debut en Newell's).

"Sé que voy a volver a ser el número uno, no me gustan los términos medios: volveré a ser lo que era o me voy a un campo a criar vacas".

"Yo me rebelo a ser esclavo. Yo no puedo ser esclavo por más que firme un contrato. Ser esclavo, me choca esa palabra".

---

34. Jorge Solari.

"Claudia Villafañe, mi mujer, es mi mejor marcaje, y el estoy más a gusto. Ella tuvo todo lo que tiene que tener un marcador bueno, con sentimiento".

"Cuando volví al fútbol, era el jugador número 1.000 del mundo. Ahora soy el 700".

"Lo único que pido es que no me tomen como el salvador de la Selección" (Después de Argentina 0-Colombia 5).

"En esta Selección respiro salud".

"I don´t speak english, fiera" (A un australiano que le pidió un autógrafo).

"Nunca le voy a perdonar a Menotti que me haya dejado afuera del Mundial".

"Mi casa era un velorio. Lloraban mi mamá, mis hermanas, los primos. Fue un drama, algo imborrable".

"Ser elegido el mejor jugador de la historia del fútbol argentino me parece injusto, mucho más cuando pienso que esa distinción le hubiese quedado a medida a un monstruo como Kempes[35]".

"No me desencantaría ser en el futuro el técnico de Newell's".

"Yo creo que la plata no lo dice todo. Yo puedo querer que una persona cante, me puedo empeñar en ello, pero no va a cantar como yo quiero. Hay que hacer entender a determinadas personas que, por más que contraten a alguien, eso no es definitivo. No son dueños de las personas. Son dueños de un contrato que se puede romper en cualquier momento".

---

35. Mario Kempes.

"Yo digo que tuve mucha felicidad sin dinero, pero a la hora de comer, nos acordamos del dinero. Te digo esto sin reprocharle absolutamente nada a mi padre, que lo adoro, y le estoy eternamente agradecido por todo lo que hizo por nosotros. Éramos ocho hermanos. Y llegábamos justitos. La felicidad pasaba por jugar al fútbol en el barro o en la calle, pero nos acordábamos del dinero cuando teníamos que comer. Eran muchas bocas".

"A mí me vino todo de golpe. Yo, a los 15 años, debuté en la Primera División de Argentina. A los 16 años fui convocado por la Selección. A medida que pasaban los partidos me di cuenta de que yo tenía algo que otros no tenían o no hacían. Me di cuenta de que quizá yo divertía mucho más a la gente que otros. Pero no por eso me quedé con los brazos cruzados. Siempre seguí entrenando, trabajando, para darle más alegría a la gente. Ese fue mi poder, esa fue mi fuerza".

"Me gusta mucho tener la pelota, tratar de divertirme yo para que después se diviertan los que miran. Todo pasa por la diversión de uno. Si nosotros nos divertimos en el campo, yo creo que la gente se divierte. Creo en el resultado, pero también creo que hay que jugar bien. Si se juega bien, la consecuencia es un buen resultado. Creo que, cuando no se juega bien, aunque se gane, nadie sale contento. Solamente se consiguen esos puntos muy feos".

"Yo gozo mucho con el balón. Aparte de la satisfacción personal o de la alegría que proporciona, es el que me ha dado satisfacciones materiales que antes no tenía, y le tengo que estar eternamente agradecido".

"Tengo un pie mucho más sensible que los demás, y eso se ve en el campo, en la manera de tratar el balón".

"Yo digo que todos los chicos del mundo, que tuvieron discotecas y diversiones, cosas que yo no tuve, cambiarían todo eso por mi vida. Estoy seguro. Los sábados por la noche, cuando ellos iban a bailar, yo estaba concentrado. Pero el domingo era mi discoteca. Todo lo que ellos veían el sábado por la noche yo lo veía el domingo en el campo. Eso fue y es fundamental en mi vida".

"Es muy difícil manejar el hecho de que alguien que vos sabes que no es nadie quiera plantarte cara y decir: 'Yo soy el dueño del fútbol' o 'Yo soy el dueño de la fama'. Nadie es el dueño del fútbol. Nadie es dueño de la fama. Llegar a lo alto y saber tener humildad, eso sí es saber estar realmente".

"Yo he conocido a mucha gente grande, y siempre pongo el ejemplo de Fidel Castro. Para mí es el más grande de todos. No políticamente, no estoy de su parte en esa cuestión ni nada por el estilo. Pero en él yo vi la historia viviente, y con la humildad que otros no tienen".

"Yo me emocioné muchísimo cuando, a los 17 años, me llevaron a conocer a Pelé. Estaba viendo al hombre que todos querían tocar y conocer. Yo era el dueño de ese momento. Fueron cinco minutos, pero fui dueño de Pelé por un momento, y eso me llenó de alegría. También me emocioné mucho cuando conocí a Di Stefano, pero ese era mío, ese era argentino".

"En el campo, yo siempre supe resolver mucho mejor que fuera. Fui mucho más débil fuera que dentro. En el campo al contrario lo machacaba, le hacía dos golpes, dos túneles. Fuera del campo me costó mucho más entender que yo era Maradona y que tenía que hacerle al contrario lo mismo que le hacía en el campo".

"Yo creo que, si no se puede frenar al contrario, hay que hacer *foul*. Pero yo no estoy de acuerdo en absoluto con el foult para hacer perder a nadie. Ni estoy de acuerdo con que continuamente te estén pegando. Yo siempre respeto y defiendo a los jugadores de fútbol. Yo creo que el árbitro es fundamental en esto. Porque si a nosotros, a los jugadores, nos dejan en un momento dado entrar a la cancha con un cuchillo para ganar los dos puntos, entramos. El que lo tiene que frenar es el árbitro. Yo creo que es la autoridad que puede decir: 'Hasta aquí llegamos'".

"Yo con los árbitros tengo mucha pelea. Yo creo que los árbitros tendrían que ser aquellos que jugaron al fútbol, que saben cuándo el jugador se tira, cuándo el jugador engaña o quiere engañar. Eso es picardía, y se tiene que cobrar. Hay muchas veces que los árbitros no entienden a los jugadores, por el hecho de que nunca jugaron".

"A lo largo de muchos años de fútbol he visto jugadores que se han ido del campo expulsados sin ninguna razón, porque el árbitro es muy autoritario o porque quiere que las cosas se hagan de una forma determinada. No es así. Yo creo que el árbitro tiene que comprender también al jugador. Hoy, después de quince años de carrera, llego al fútbol español y me doy cuenta de que los árbitros echan a Stoichkov[36] por hablar, a Futre[37] por hablar, me echan a mí por hablar. Si vos sos un maleducado, de acuerdo, que te echen, pero también hay que comprender que solo se está hablando".

"Cuando me descalificaron por *doping*, fue el partido más negro de mi vida. No tenían derecho, porque hicieron lo que quisieron. Ellos no iban a arreglar mi vida de ninguna manera. Ellos me castigaron con un año y tres meses, y a otro que hizo lo mismo le pusieron solo tres meses de suspensión. Me estaban haciendo pagar un montón de cosas. Me hicieron pagar que yo soy rebelde. Al que me venía a hablar mal de los jugadores, yo lo

---

36. Hristo Stoichkov.
37. Paulo Futre.

paraba. Hoy les estoy demostrando que aquel *doping* no fue tal".

"Argentina no me falló jamás. La gente de mi país estuvo siempre conmigo. En el momento de la suspensión no tuve tantos amigos, o no tuve tantos jugadores a mi lado. Pero no los culpo, porque les contaron una historia totalmente distinta a la que yo estaba viviendo. Por eso me habría gustado que me vinieran a preguntar y no creyesen en los diarios. Estuve dolido, pero la fuerza me la daban Claudia, las nenas, y mis padres, que, a pesar de todo, creen en su hijo".

"Los que no son amigos míos no me fallan".

"Siempre he mirado al público con ganas de que se divierta. Nunca lo vi como monstruo. Jamás".

"Yo me sentí mimado en mi país. Por la gente de mi país, no por el poder de mi país. El poder no perdona que haya llegado donde llegué sin pedirles que me echaran una mano. Yo me sentí mimado por la gente de fútbol de mi país en primer lugar y después por toda la gente. Porque vieron que yo no tengo necesidad de matar a nadie para hacerlos reír, para darles una alegría futbolística, deportiva".

"Uno puede ser hincha de un equipo, pero ser del Boca es un sentimiento. Yo me acuerdo que siendo chico, si el Boca perdía un partido, mi casa era un velorio, llorábamos todos".

"Salir al campo de juego cuando la gente está vibrando es lo mismo que cuando pones en marcha un Ferrari. Es maravilloso".

"No quiero vivir sin dinero. No quiero que mis hijas pasen lo que yo. Quiero que sean felices como yo, pero teniendo todo lo que quieran. También quiero que en-

tiendan que todo lo que tienen no viene de regalo, que nos costó mucho a mí y a la madre tener lo que tienen".

"La felicidad del domingo no tiene nada que ver con todo lo que vos podes divertirte en la semana. Por eso te digo que, cuando compran un jugador, no compran su vida. Él puede ir a los entrenamientos, jugar, pero puede hacer su vida tranquilamente".

"La moda de los psicólogos en el plantel yo no la viví todavía. Yo tengo mi psicólogo personal. Y en la primera entrevista que tuve con él le dije: 'Yo en vos no creo'. Hoy soy amigo suyo y es un hombre que me comprende. Y no te digo que crea en todos los psicólogos. Yo creo en el mío".

"Yo creo que tengo que agradecer mucho a Dios todo lo que me dio. Y si fracasé en algo, no me acuerdo".

"Me gustaría hacer algo muy serio con los niños. Pero yo creo que hoy se hacen muchas escuelas de fútbol para sacarles la plata a los niños, y eso no me gustaría hacerlo. Me han ofrecido muchísimas cosas para hacer y nunca quise. Quiero hacer algo grande. Si alguna vez me decido, será para dar toda mi trayectoria a los niños, toda mi carrera quisiera volcarla en los niños".

"Me hacen feliz los amigos o los jugadores que aman el fútbol. Me hace feliz también que me vengan a ver mis sobrinos. Me hace feliz que me llame mi mamá o mi suegro, que se preocupen mucho más de lo que se preocupan otros. Yo creo que mi felicidad es muy chiquita pero muy fuerte".

"Nunca me imaginé ser el número uno. Yo lo que quería era jugar al fútbol con gente. Y yo digo que quizás tenga más dominio que otros, pero número uno, eso es muy difícil decirlo, porque un día es uno y otro día es otro".

"Yo creo que Dios me dio mucho más de lo que yo me podía imaginar".

"Cuando me suspendieron, pasé a ser el jugador número diez mil. Del número uno al número diez mil. Ahora ya estoy dentro de los mil".

"No es que no haya defensa que me pare. Es que voy a tratar de hacérselo pasar muy mal durante todo el partido".

"Los defensores italianos se preparan muy bien físicamente. Hoy en día también en España se marca muy bien, pero yo estuve siete años en Italia y fueron duros".

"Yo creo que alcancé mi mayor rendimiento en el Mundial 86 con la camiseta argentina. Pero eso es otra cosa. Los triunfos que tú puedas alcanzar con tu equipo no son los mismos, sentimentalmente hablando, que los que puedas alcanzar con la camiseta de tu país".

"Yo no creo en las concentraciones ni antes ni después de los partidos. Pero a veces son aconsejables antes de los partidos. Descarto totalmente la concentración después del partido, porque, después del partido, uno quiere ver a su familia, quiere estar con sus hijos".

"Estoy luchando muchísimo para tener felicidad constantemente. Y, en eso, mis hijas me están ayudando muchísimo y mi mujer también. Estoy viviendo un momento muy lindo".

1994

"Si Newell's no se salva del descenso, no voy al Mundial".

"Si se va Solari, me voy yo" (Durante su breve paso por Newell's).

"Les pido disculpas a los hinchas de Newell's por no haber hecho todo lo que esperaban de mí. No voy a olvidarme jamás del recibimiento y de todo el cariño que me dieron".

"Ya les dije que acá no quiero a nadie. Y los voy a seguir lastimando. Acá no quiero que les rompan los huevos a mis hijas".

"Me voy a defender a tiros y voy a defender a tiros a mi mujer y a mis hijas. No me dejan en paz" (Justificando los balinazos a los periodistas que hacían guardia frente a su quinta de Moreno).

"La próxima vez, vuelvo y hago un desastre" (El día de los balinazos a los periodistas en Moreno).

"Lo mío es una boludez al lado de lo que hicieron los militares y después los indultaron. Así que no hay que desesperarse" (En referencia a los balinazos con los que atacó a los periodistas en Moreno y una sentencia judicial desfavorable).

"A los periodistas que mienten hay que pegarles un fierrazo en la cabeza".

"En el Mundial de México, a Passarella primero le dolía la pancita, después los gemelos y al final no quiso jugar el Mundial".

"En el seleccionado de Passarella no voy a jugar nunca, ni aunque esté 14 puntos físicamente".

"Bati[38] no tiene personalidad. ¿Cómo se va a cortar el pelo?" (Ante el pedido del técnico de la Selección, Daniel Passarella).

"Me hubiera gustado que Miguel Ángel Russo fuera el nuevo técnico de la Selección, y no Passarella".

"Si no fuese por Dalma y Gianinna, me hubiese ahorcado" (Cuando la embajada de Japón le negó la visa para entrar a ese país).

"Siempre que llovió, paró, pero a mí nunca me para de llover" (Cuando la embajada de Japón le negó la visa para entrar a ese país).

"Estoy luchando con las piernas y con el corazón. Sé que voy a llegar al Mundial".

"Esto es para que todos los argentinos vean cómo me estoy preparando. Este es el sudor mío, de mi mujer y de mis hijas" (Diego, transpirado, declara escurriendo su camiseta).

"Es una cosa vergonzosa, falta Lestelle y ya estamos todos en la AFA" (Enojado cuando Daniel Passarella anunció que les haría la rinoscopia a los jugadores de la Selección. Lestelle era el secretario de lucha contra el narcotráfico).

"La televisión tiene mucho poder. Te meten un partido cuando ellos quieren. Parece que estamos en la época de los militares".

---

38. Gabriel Batistuta.

"Cuando escuché el discurso de Clinton, me emocioné. Me llenó de esperanzas" (Luego de la ceremonia inaugural del Mundial de EE.UU.).

"Tac, tac, tac, una ametralladora, pared, Redondo, yo, golazo, golazo" (Sobre su gol a Grecia en el Mundial de Estados Unidos).

"Estoy aquí para demostrarles a los jóvenes que no hay túneles sin salida" (21 de junio de 1994, luego del triunfo 4-0 ante Grecia).

"No sé si jugué bien, pero corrí. Yo sabía que podía volar, solo me faltaba soltar las piernas. Hoy casi me las cortan con lo que pegaron los nigerianos y con lo que dejó pegar este árbitro, pero esa es otra historia" (25 de junio de 1994, triunfo a Nigeria 2 a 1 en el Mundial de EE.UU.).

"Juro que no me drogué. El día que me drogué fui y se lo dije a la jueza. No sé por qué aparecieron esas sustancias en el control *antidoping*, seguramente por un descuido nuestro" (30 de junio 1994, cuando dio positivo en el control *antidoping* tras el partido con Nigeria en el Mundial de Estados Unidos).

"No entiendo nada. Me preparé como nunca y ahora escucho que todos hablan de efedrina. No sé, quiero salir a correr, quiero volar. Siento que me cortaron las piernas, que me dan un golpe en la cabeza justo cuando estaba levantándome. Hice todo como para llegar a este Mundial y darle la felicidad a todo el pueblo argentino, pero me cortaron las piernas" (1 de julio 1994, cuando dio positivo en el control *antidoping* tras el partido con Nigeria en el Mundial de Estados Unidos).

"Tengo los brazos caídos y el alma destrozada. Me cortaron las piernas a mí, a mi familia, a los que están conmigo. No creo que tenga otra revancha. Cuando me drogué, dije sí, me drogué, pero ahora no lo hice y me cortan las piernas" (30 de junio 1994,cuando dio positivo en el control *antidoping* tras el partido con Nigeria en el Mundial de Estados Unidos).

"A Cerrini[39] no lo puedo matar por haberse equivocado, por haber comprado otro frasquito. ¿Qué querés que haga? ¿Que lo ahorque?" (Defensa a su preparador físico, quien según la versión maradoniana compró involuntariamente el remedio que contenía efedrina. Cuando dio positivo en el control *antidoping* tras el partido con Nigeria en el Mundial de Estados Unidos).

"Alguien tendrá que explicarme por qué no hubo control *antidoping* en los dos partidos contra Australia, en el repechaje. Para la FIFA era indispensable que Argentina se clasificara al Mundial" (Cuando dio positivo en el control *antidoping* tras el partido con Nigeria en el Mundial de Estados Unidos).

"Si yo me hubiese querido dopar, no lo habría hecho con efedrina" (Cuando dio positivo en el control *antidoping* tras el partido con Nigeria en el Mundial de Estados Unidos).

"Grondona[40] fue el único que me respaldó" (1 de julio de 1994, cuando fue dejado afuera del Mundial de EE.UU., por *doping*).

"Nos cortaron las piernas a todos" (3 de julio 1994, el día en que Rumania eliminó a Argentina).

"Se ve que los de la FIFA no tienen familia" (Cuando lo suspendieron por 15 meses por el *doping* en el partido ante Nigeria).

---

39. Daniel Cerrini.
40. Julio Grondona, presidente de la AFA (Asociasión del Fúbtol Argentino) entre 1979 y 2014.

"No tengo estímulos para vivir".

"Cometí un error de un metro, no me pueden dar una culpa de 30 000 kilómetros".

"No corrí por la droga, corrí por el corazón y la camiseta".

"No sé qué voy a hacer con mi vida".

"En el Mundial dije que me cortaron las piernas, pero ahora digo que me cortaron el cuerpo, porque me siento vacío, no sé bien dónde estoy, no encuentro a mis hijas, me sacaron el juguete que había recuperado".

"Ángel Sánchez[41] es un mafioso".

"Mientras Heller[42] sea el vicepresidente, yo no juego en Boca".

"Yo no puedo cabecear ni en los bailes".

"Le voy a pedir a Menotti que me dé clases particulares para ser director técnico".

"De Mandiyú me voy muerto" (Luego de una opaca tarea como director técnico).

"Mis hijas son lo mejor que tuve en mi vida, pero la 'jabru'[43] también está en mi pensamiento".

"Solamente le eché un poquito de agua al línea para avisarle una cosa" (En su intento por llamar la atención del juez de línea le arrojo agua desde una botella por lo cual fue expulsado del partido).

"Si me lo cruzo a Bilardo por la calle, no lo saludo".

---

41. Exárbitro.
42. Carlos Heller, vicepresidente de Boca.
43. En referencia a *bruja*.

"Nos fuimos de Mandiyú con unas ganas enormes de seguir trabajando, pero no pudimos hacerlo. Cruz[44] se metió en el vestuario y, en el vestuario, mando yo".

"Lo heredé de él[45]. Donde puedo afeitarme al sol, me afeito".

"Entiendo que los de River me tengan bronca, porque los vacuné varias veces".

"Creo mucho más en la humildad y en la sinceridad del provinciano que en la viveza y la picardía del porteño. Totalmente. Y te está hablando uno que vive en Buenos Aires y que quizás por ahí tengo algunas vivezas de porteño, alguna picardía de porteño que no me hacen feliz realmente porque termina en la pavada del porteño, en la joda del porteño, diciéndole 'cabecita negra' al provinciano, tratándolo con mucha soberbia".

"Yo soy de carne y hueso, me equivoco como todo el mundo, pero también tengo aciertos".

"Hay una cosa que tengo muy claro y se la enseño siempre a mis hijas: la libertad y el sentimiento no se compran".

1995

"Esperemos que salga todo bien para que este año sea el año de Racing".

"Al hincha de Racing no hay que venderle nada, hay que jugar, hay que correr, hay que trabajar".

---

44. Roberto Cruz, presidente.
45. En referencia a don Diego.

"En mi vida iría a comer un asado con Bava[46], te lo juro por mis hijas. Lo que tengo grabado es que cuando en el segundo tiempo podíamos liquidar a Independiente, nos inclinó la cancha, fue una cosa lamentable" (Sobre el exárbitro).

"Cualquiera se moriría por dirigir a Racing. Yo estoy orgulloso de hacerlo, pero soy un hombre de palabra" (Al no seguir el presidente que lo llevó a Racing, dio un paso al costado y se despidió).

"Lo que más me dolió de la suspensión en Estados Unidos fue que me quitaron la última gran ilusión deportiva de mi vida. Quería ser campeón mundial con Argentina. Ser el jugador con más partidos en la historia de los mundiales".

"Passarella tiene que entender que la historia del fútbol argentino se escribió con pelo largo".

"Pase lo que pase y dirija quien dirija, la camiseta número 10 será siempre mía".

"La bronca es mi combustible".

"Me gusta pegarle a la gente cuando tiene las dos manos arriba. Cuando las tiene bajas, me gusta ayudarla".

"Este triunfo es el más importante en lo que va de mi carrera como técnico. Por eso, ahora solo quiero festejarlo" (Luego de una ajustada victoria 1 a 0 de Racing ante Platense, en Avellaneda, con Diego como DT).

"Fue por una peleíta de matrimonio" (Luego de desaparecer de su casa durante una semana y no asistir a los entrenamientos de Racing).

---

46. Juan Bava.

"Racing perdía por mi culpa. Los árbitros la tenían conmigo".

"Lo único que no soy, es falso".

"Tuve que madurar demasiado rápido".

"Yo vendo ilusión".

"Esta noche tengo un partido con la bruja".

"Me hice achicar la papada porque era antiestética".

"La Tota integró la barrera cuando me peloteaban de todos lados".

"Claudia es todo para mí, la computadora y el beso, la madre y la esposa, la nena y la amante".

"Los futbolistas argentinos legalizaron el buchoneo".

"Al Turquito Asad lo tasaron en 6 millones de dólares, se bajoneó y no le hizo ni un gol al arco iris".

"Cuando termine mi suspensión, me voy a poner la camiseta 10 de Racing, le pese a quien le pese".

"Dunga está para las plumas. Afuera de la cancha no es tan hombre".

"De pibe iba a ver a Independiente cuando me llevaban, porque ir a Puente Alsina para nosotros era como irse a ver la torre Eiffel. Pero en casa éramos todos de Boca".

"Hay un 80 por ciento de posibilidades de que juegue para el Santos".

"Me teñí un pedacito de rubio en repudio a todos los pelicortis".

"Me teñí un pedacito de rubio en repudio a los caretas, a los que te cuentan cómo hay que vivir, cómo vestirse, cómo tener el pelo".

"Tardé quince décimas de segundo en decir que sí a la propuesta de Boca".

"Este regreso a Boca fue como parir un embarazo de 14 meses".

"La llegada de Cani[47] a Boca es como si me devolvieran las piernas".

"Si echan a Marzolini[48], rompo mi contrato con Boca" (Tras firmar su contrato).

"Cuando Cani haga un gol, le voy a pegar un chupón en la boca".

"Tenemos que luchar por un gremio fuerte, porque la gente no va a la cancha por los dirigentes" (En septiembre fundó el Sindicato Mundial de Futbolistas).

"Hasta el día de hoy, Blatter[49], que es un tipo a sueldo, y Havelange, que jugo al waterpolo, deciden lo que se hace en un campo de juego. En el futuro queremos participar. Solo les diré que desde este sindicato vamos a defender a los jugadores contra quien sea" (En su Sindicato Mundial de Futbolistas).

"A Toresani[50] le dije en la cancha que vivo en Segurola y Habana 4310, séptimo piso. Vamos a ver si me dura 30 segundos. No existe" (En la conferencia de prensa posterior a su regreso a Boca, contra Colón en la Bombonera).

---

47. Claudio Caniggia.
48. Silvio Marzolini.
49. Joseph Blatter.
50. Julio Toresani.

"Es simple, desde ahora, cada gol que Cani meta después de un pase mío, le parto la boca" (Luego de los dichos de Daniel Passarella sobre los homosexuales).

"En este país de buchones, ven a dos pibes en el colectivo besarse en la boca y los bajan. Y después decimos que tenemos libertad".

"Mira como cambió el fútbol. Antes se contaban los goles de Artime y de Rojitas. Ahora se cuentan los jugadores expulsados por Castrilli[51]".

"Cuando Boca pierde, me duele hasta el corazón".

"Si viene Bilardo, me voy de Boca".

"A Bilardo no lo soporto".

"¿El Flaco? Es lo máximo, quien más me llega cuando me habla".

"El Cabezón corre 200 metros por partido, va a jugar así hasta los 80 años le dije" (Sobre Óscar Ruggeri).

"La rinoscopia, el pelo corto. Un día los muchachos de la Selección se van a rascar un huevo y Passarella se los va a mandar a cortar".

"Passarella tiene que saber que la historia del fútbol argentino se escribió de pelo largo".

"Passarella se hace el buenito, pero rompió 20 tabiques".

"La selección juvenil del 79 fue el mejor equipo de mi vida".

"No quiero ver más a Grondona. Espero no cruzarme con él nunca más".

---

51. Javier Castrilli, exárbitro.

"La FIFA me sacó del Mundial, pero no me robó la pelota".

"Escuché que Bava está a punto de retirarse. Es lo mejor que puede hacer. Me puse contento por el fútbol y por los árbitros".

"Argentina es un país de buchones".

"Soy peronista, no menemista".

"Daría la vida por Fidel Castro".

"Me sentía Kennedy, me sentía Gorbachov, parado ahí" (En la Universidad de Oxford, cuando fue nombrado maestro inspirador de los sueños).

"El tiempo lo cura todo. Fue un pasaje durante un partido de un Mundial que, lamentablemente, fue contra los ingleses. Pero lo hubiese hecho contra cualquier selección. Siempre trato de hacer lo que le convenga a mi equipo" (Dijo Maradona cuando le preguntaron por la Mano de Dios en la Universidad de Oxford).

"Con Bilardo me puedo ir de vacaciones, pero como técnico, nunca más".

"Pido un espacio en la sociedad donde no sea tildado de ignorante".

"Con Havelange nos separamos al nacer. Havelange jugó al waterpolo, así que no puede hablar de fútbol. Havelange le vende balas a uno y el rifle al otro".

1996

"Pensé que venía Berlusconi y me encontré con el cartonero Báez" (Esta es la primera vez que compara a Mauricio Macri con el cartonero, el 4 de enero).

"Con Macri[52] nos separa el Río de la Plata: él nació en cuna de oro y yo, en Fiorito".

"Me reconforta Ruggeri[53], él entiende los códigos del fútbol".

"Que no me jodan, porque si quiero, puedo pedirle a la hinchada de Boca que prenda fuego la redacción de *Olé*" (Cuando el diario hizo una encuesta entre hinchas de Boca preguntando si aceptarían que Diego faltara a un partido de verano sin aviso).

"A Chilavert[54] no me lo banco como arquero ni como persona".

"Soy un hombre al que le cuesta mirarse en el espejo".

"Batistuta fue el único que se le plantó de frente en la cara a Passarella".

"Si viene Latorre[55], me voy de Boca".

"Si Latorre se baja del caballo, podemos empezar a hablar".

"Latorre está en el country, en esas cosas. ¡Que se meta en la villa, que se meta en Boca!".

---

52. Mauricio Macri, presidente de la Nación Argentina entre 2015 y 2019.
53. Óscar Ruggeri.
54. José Luis Chilavert.
55. Diego Latorre.

"Si Caniggia hace un gol, le doy un piquito".

"Mariana Nannis se llama Mariana Nannis de Caniggia y tiene que ir adónde va el marido, no al revés".

"Presión tiene el tipo que se levanta a las cinco de la mañana para ir a laburar y ganar 10 pesos. No nosotros, que andamos en BMW o en Mercedes Benz".

"Macri es un capricho, es el presidente de Boca porque es el nene de papá".

"El primero que puso el número en la firma fui yo, los demás son copiones".

"Sánchez, terminalo, te lo pido por Dalma y Giannina" (Ruego desesperado desde el banco de suplentes para que el árbitro Ángel Sánchez finalizara el partido Central 0-Boca 1).

"A Claudia donde la cazo, la vacuno".

"Si a la Claudia le sacan fotos en bolas, la mato. Ella es de Maradona, no es Claudia Villafañe, ¿entendés?" (Enojado con Mariana Nannis, Diego le advirtió públicamente a Claudia que tuviera más recato que la esposa de Claudio Caniggia).

"Gianinna me preguntó: '¿Papi, cuándo vas a volver a jugar como en los videos?' Me cortó las piernas".

"Yo no fui amigo de mi viejo, y eso lo lamento en el alma".

"Si no le respetan el contrato a Márcico[56], me voy de Boca".

"Si a Márcico no le pagan lo que le deben, voy a jugar de sindicalista".

---

56. Alberto Márcico.

"Navarro Montoya me defraudó. A Bilardo lo había noqueado Tyson y él le pateó la cabeza" (Luego de que el arquero criticara al técnico tras otra derrota de Boca).

"Voy a jugar aunque el resultado sea un desgarro en el ojo".

"Los vacuné, los vacuné a todos. El Barba me dio una mano otra vez" (Luego de un gol a Belgrano).

"Si los hinchas fueron a hablar de mí con Bilardo, sin duda me voy de Boca".

"Si los dirigentes no compran a Trotta[57] y Basualdo[58], no sé si tiene sentido seguir en Boca".

"Si no viene el *Turu* Flores, me darían otro empujoncito para irme de Boca. No soporto ver sufrir a la gente".

"A Macri le voy a decir: 'Sacá el filo, loco, sacá el filo para comprar a Trotta y Basualdo, si entre todos nosotros te vamos a pagar la autopista. Después te lo devolvemos'".

"Bilardo está más loco que nunca".

"Mis hijas ya saben leer y escribir. Me voy de Boca, no juego más".

"Para jugar en Primera tenés que tener todos los sentidos alerta, y yo no tengo ganas de jugar el domingo".

"Si Macri echa a Bilardo, me voy de Boca".

"Que Bilardo le dé explicaciones a la hinchada de Boca es una burrada".

---

57. Roberto Trotta.
58. José Basualdo.

"Si de toda mi carrera tengo que elegir un solo técnico, ese sería Menotti".

"Las declaraciones que necesita el hincha de Boca sean positivas para la gente, ¿Entendés? 'Yo me quiero ir'. Si te querés ir, andate. Picá. Acá, yo, personalmente con 20 años de carrera, no lo voy a soportar más. Y como capitán de Boca, no voy a soportar más que se diga: 'Si me voy me da lo mismo', o 'Si me quedo me da lo mismo'. Si te da lo mismo, andate. Acá en Boca no te queremos".

"Tengo sueños imposibles, como jugar en el Real Madrid, en el Valencia con Romario, en Las Palmas con el *Turu* Flores, en el Barcelona con Ronaldo, o en el Atlético de Madrid con Simeone y Esnaider".

"Esto no es la Selección, es Riverción. Passarella no lo llama a Verón[59] porque juega en Boca".

"Los negritos nos durmieron" (Tras la final olímpica perdida ante Nigeria).

"Todos fuimos a Europa y crecimos algo, pero Ramón no. Es un pobre tipo. A la cultura no le dio el tiempo que le tendría que haber dado. Es el más burro de todos".

"Si le ganamos a River, sería estúpido dedicarle el triunfo a él. El Pelado se gana solo. Aparte, todos saben que el técnico de River se llama Enzo Francescoli".

"Ramón Díaz no sabe nada de fútbol. Para él, 2 más 2 es 3. En los partidos difíciles le agarra diarrea. Arrugó en el 79, en el descanso de la final del Juvenil no quería salir. Y no jugó en el Mundial 86 porque siempre sacó la piernita".

---

59. Juan Sebastián Verón.

"Lo del pelo corto es una gilada espectacular. A Passarella se le escapó la tortuga renga y fisurada. Si lo de Passarella pasa por una cuestión estética, que lo mande al *Tolo* Gallego al doctor Cormillot".

"Passarella va mucho más con los militares que con la democracia".

"Ese señor, perdón por lo de señor, digo, Daniel Alberto Passarella, es el culpable de este mal momento".

"Maestro, ¿usted está muerto? Explíqueme, por favor se lo pido. Estamos hablando como hombres, como seres humanos. Si no me contesta es un botón" (Al árbitro Javier Castrilli después de un Vélez-Boca).

"Passarella no es ningún antidroga. Yo puedo decir cosas que otros no pueden, porque lo conozco desde hace mucho tiempo, en el vestuario. Pero son cosas para decirnos a solas, si me llama, no voy a andar diciéndolas por ahí".

"Si hubiese sido por mí, a Castrilli le rompía la boca".

"Armamos un *Dream Team* y no podemos cruzar la mitad de la cancha".

"La camiseta de River no me la pongo ni muerto".

"River tiene un gran plantel, pero juegan con la de River. Lo lamento por Enzo[60], pero cayó en el gallinero".

"San Martín se tuvo que ir a morir afuera, pero yo me quiero morir en mi país".

"El flipper te da dos fichas. Y a mí ya me las dio".

"Todo el mundo me usó".

---

60. Enzo Francescoli.

"Lucho para ganar a fin de año el premio al menos careta de la Argentina".

"No quiero ser otro John Lennon" (Luego de recibir amenazas de muerte).

"Tomé droga durante parte de mi carrera pero jamás la usé para estimularme. Esos que dicen que la cocaína te estimula no saben nada. Si tomas cocaína para jugar al fútbol, no puedes jugar. La cocaína no sirve para ser mejor en la cancha. No sirve para la vida. No sirve para nada".

"Fui drogadicto, soy drogadicto y voy a ser drogadicto para todo el mundo siempre. Porque al drogadicto no se le perdona nada".

"Sin Claudia, hoy yo estaría en el jonca[61]. La droga te mata. Te aniquila".

"Nosotros no éramos chicos de la calle, éramos chicos del potrero".

"Probé la droga por primera vez en Europa en 1982. Tenía 22 años".

"Soy un rebelde con causa".

"La camiseta de Boca es azul y oro, no azul, blanca y oro. Esa es la camiseta de Michigan State".

"Tengo un ataque de argentinitis".

"Cuando Passarella dijo eso de la falta de fibra, parecía que estaba hablando de un equipo de putos" (Luego de un partido ante Chile).

---

61. En referencia a *cajón*.

"Jugué contra Inglaterra pensando en Malvinas. Sentimentalmente, hice culpables a cada uno de los jugadores ingleses de lo que había pasado en el 82".

"Ni siquiera cuando pasó lo del 94, lo del doping, lloré tanto como cuando quedé afuera del 78".

"Si Macri no gana un campeonato, le van a romper todos los coches que tiene en la calle".

"Macri opinó de mi adicción. Fenómeno, pero yo nunca quise opinar sobre las adicciones de Mauricio, que las oculta".

"El hincha de Fiorito, Budge y Caraza no quiere palcos, y menos que los pinten Picasso y Pérez Celis. Quieren salir campeón".

"A Castrilli lo veo por la calle y lo escupo".

"A veces me reprocho no haberle dado más felicidad a mis viejos y no haberle dado un poco más de bola a mi vida, pero también fui feliz. Y lo sigo siendo con Claudia y mis hijas".

"A Castrilli también hay que hacerle *antidoping*".

"Guillermo[62] es parte de mi cuerpo".

"Lo único que me dejaría tranquilo es que Castrilli no dirija nunca más. Pero que Adidas le dé un trabajo, porque no me gusta que haya desocupados".

"Después de ver llorar a Guillermo, no tengo salida. Me están empujando a matarme".

"Yo soy hincha fanático de Boca, muero por Boca y moriré hincha de Boca, con la camiseta puesta. Yo quiero que me lleven a la tumba con la camiseta de Boca".

---

62. Guillermo Coppola.

"Con la cocaína no existo. Con la cocaína soy Pobersnik[63], o Ruggeri, que no sabe hacer dos jueguitos. La droga te deja duro" (Comparación con el poco dúctil delantero de Ferro).

"A la droga la estoy peloteando y la tengo contra un arco".

"La primera vez que probé drogas fue en 1982, en Europa, y lo hice para creerme un vivo".

"Al principio, la droga te pone eufórico. Es como ganar un campeonato. Y pensás: 'Mañana qué me importa, si hoy gané el campeonato".

"Al principio es todo muy lindo, muy alegre, muy blanco, muy divertido. Pero esa sensación te dura poco, casi nada. Inmediatamente te querés dar otro saque, y otro, y otro más. Pero ya no te hace nada. Ya no hay alegría, ni diversión, ni nada. Te viene el llanto, la soledad, la angustia" (Sobre la droga).

"El premio de *France Football* al mejor jugador me emocionó y me entristeció al mismo tiempo. Me gustó que me lo dieran, pero me encantaría un reconocimiento en mi país. No quiero que me traten como al General San Martín, pero creo que algo hice dentro del fútbol".

"Habíamos ido a almorzar a una parrilla, en la avenida Gaona, con Claudia y las nenas. Era domingo, estábamos felices, todo bárbaro. Se acerca un tipo, me dio la mano, yo seguí hablándole y el tipo insistía con la mano. Me di cuenta que quería pasarme un papel. Con las nenas y todos ahí al lado. Y el tipo insistía, y de pronto me dice: 'Probala, si te gusta, estoy en la esquina'. ¡Qué hijo de puta!".

---

63. Mario Pobersnik.

"Si no tuviera plata para tratarme por la droga, me muero hoy".

"La droga es un pacman que te va comiendo toda tu familia".

"Para drogarme y que no me vieran, iba al baño con las luces apagadas. Una vez vino Dalma y me preguntó si podía entrar. ¡Y yo no le podía hablar! Gianinna me pedía un vaso de agua, yo estaba tirado en la cama, y no se lo podía alcanzar. No me podía levantar, y me temblaba la mano. '¿Y papi, me das agua?', me decía.'Sí, sí, mamita', le respondía, pero no podía".

"Por las drogas perdí muchísimos momentos felices. Cumpleaños de las nenas en los que estaba tan drogado que no podía disfrutar".

"Con la droga dejé de ser Diego y me convertí en un hombre que no se gusta cuando se mira en el espejo".

"Con la droga cambias de personalidad y ya no sos el mismo".

"Muchas veces me he dado un saque, he querido agarrar la pelota y no pude, le quería pegar de una manera y no podía. Mi cerebro daba órdenes y mi cuerpo no las cumplía".

"En el 91 me drogué a propósito para irme del Napoli".

"Un día me voy a despertar y voy a leer en el diario que soy un asesino".

"La gente era incondicional, fue siempre, siempre, maradoniana. Yo no soy ni Diego Maradona, ni 'Pelusa', no, yo soy 'El Diego' para la gente, y me siento orgulloso. Porque yo soy popular, no soy público. Público son Caballo, Menem, yo soy popular. Esta es la gran diferencia que existe, y existirá. A mí a través de los votos no me

eligieron, me eligieron por el cariño, esto es lo que yo quiero recalcar".

"Si Duhalde[64] y Menem me quieren echar del país, estoy a su disposición".

"Yo quería ir a Estados Unidos, pero el cabeza de termo de Clinton[65] no me deja entrar".

"Si me lo pide el presidente de la nación[66], podría dedicarme a la política".

"Fidel me regala claridad".

"Siguen hablando del Maradona jugador y no se dan cuenta que estoy más cerca de la cama que del entrenamiento".

"Si en diez días no paso el control físico, dejo el fútbol. Largar la droga es muy difícil, ahora estoy jugando el campeonato del mundo de la vida".

"Yo tampoco muerto encontraría paz. Me utilizan en vida, y encontrarán el modo de hacerlo estando muerto".

"Estoy perdiendo 5 a 0, faltan 2 minutos y el árbitro es Castrilli".

"Tengo el ánimo por la alfombra".

"Estados Unidos crea guerras para vender armas y después dicen que es un país bárbaro".

"Estados Unidos es un país siniestro, careta, mala leche e hipócrita".

---

64. Eduardo Duhalde, vicepresidente de la Nación durante el primer mandato de Carlos Menem y presidente de la nación entre 2002 y 2003.
65. Bill Clinton.
66. Carlos Menem.

1997

"Mi autoestima está por las nubes".

"Yo tengo grandes diferencias con Chilavert, pero en el gran equipo de Boca para ser campeón tiene que estar. Es el mejor arquero del país. Y si no viene, habrá que darle oportunidades a Abbondanzieri y a Guzmán. Qué se le va a hacer".

"Los que me creían muerto, que se jodan".

"¿Si llego al Mundial 98? No, si no sé si llego a Villa La Angostura" (Cuando se entrenaba por su cuenta en Córdoba, el día anterior a viajar a ese pueblo neuquino).

"Me quiero poner bien. Quiero que, cuando me tiren una pelota para que pique, no sea como llevar a María Marta Serra Lima al hombro".

"El Coco[67] es un fenómeno. Le voy a dar un pico" (Promesa antes de un Boca-Racing en la Bombonera).

"No vi el partido de la Selección. No me gustan las películas de terror".

"Es evidente que tengo línea directa con el Barba".

"Los argentinos son maradonianos".

"Mis hijas quieren verme jugar como en los videos".

"Al médico que le dijo a mi viejo que yo me podía morir en una cancha, le voy a dejar la cara como una torta frita".

"Cuando se metan con mi viejo, me voy a gastar toda la plata en granadas".

---

67. Alfio Basile.

"Ben Johnson es un señor, el mejor preparador físico del mundo" (Cuando contrató como preparador físico personal al velocista canadiense suspendido por *doping* en los Juegos Olímpicos de Seúl).

"Correr al lado de Ben Johnson es como caminar de la mano con Perón, o darle un beso en la mejilla a Evita".

"El mejor entrenamiento te lo da la cancha. Si acá fuese solo correr, jugarían Ben Johnson y Carl Lewis".

"Hay que exigirle a Passarella que ponga a Batistuta. Si jugamos con una delantera sin Bati ni Caniggia es porque los argentinos vivimos tomando pastillas para dormir".

"La 10 de la Selección la tiene que usar Ortega[68]".

"La pelota dice Diego en todos lados".

"Sacrificios hacen los que se levantan a las cinco de la mañana. Los futbolistas, a veces, nos quejamos de llenos".

"Tenemos miedo con 33 de mano".

"Boca fue una banda. Hasta mi hija menor me dijo que se quiere hacer hincha de otro club porque Boca gana nunca".

"Hay que defender en bloque. No podemos salir como los indios".

"En este equipo nadie se borra ni salta como un canguro".

"Si entreno todos los días, me desgarro hasta el hombro".

---

68. Ariel Ortega.

"El retiro es una carta del mazo y que puede jugar en cualquier momento".

"Hicimos un partido bárbaro, pero estamos meados por los dinosaurios".

"Si no sabes responderle, la camiseta de Boca es de hierro".

"Si Giunta[69] se va, yo no juego".

"Gallardito puede llevarnos adelante con la 10 de la Selección" (Sobre Marcelo Gallardo).

"El Narigón[70] a veces se olvida que la pelota existe".

"No soy un ejemplo, pero sí un referente".

"Gallego[71] y Passarella se olvidan que juntos tomamos cerveza, vino y algunas cosas más".

"La Copa Libertadores siempre estuvo viciada de drogas. Passarella ahora se hace el careta y reniega de cosas que hizo y que tomó".

"Passarella no lo llama a Bati porque le hizo las nalgas cuando pasó de River a Boca".

"A Passarella no me lo banco y nunca me lo banqué, se hace el careta pero también tiene lo suyo. Lo llamé para la muerte de su hijo y nunca me contestó. Que se vaya a cagar, viejo".

"Que el Cartonero Macri rompa el chanchito y compre un par de jugadores".

---

69. Blas Giunta.
70. Carlos Bilardo.
71. Américo Gallego.

"Tengo un papel firmado con el cartonero[72] que, si lo saco, va a armar quilombo".

"Si Macri no le saca la línea blanca a la camiseta de Boca, no juego".

"Macri corta el bacalao y pone excusas estúpidas".

"Los dirigentes de Boca son más falsos que un dólar celeste" (1997).

"Que el candidato de Macri sea Passarella es el peor puñal que me podían clavar".

"Castrilli es horrendo. El peor árbitro que vi en mi vida".

"Parece que la bolilla 10 la tienen pegada a la manito" (Cuando salió sorteado dos veces seguidas para el control *antidoping*).

"Esto es horrible. Demasiada cruz tengo por llevar esta adicción" (Ante una nueva suspensión por otro positivo).

"Muchos quieren darme un revólver para que me mate" (Después de otro control *antidoping* desfavorable).

"La ley *antidoping* es un revólver".

"No tengo más ganas de luchar".

"Necesito que me ayuden a controlar el flagelo de la droga. Tal vez el ídolo no colabore en ese esfuerzo, pero Diego siempre estará poniendo el hombro para salir adelante".

"Juro que no tomé nada" (Luego de otro *doping* positivo, ahora en Boca).

"La mano negra me quiso cargar" (*Doping* positivo).

---

72. En referencia a Mauricio Macri.

"El *doping* de Maradona es como el PRODE: positivo, negativo, positivo, negativo. Hasta creo que hay empate".

"Alguien me puso algo en la comida, en el agua, o en un caramelo" (Explicando por qué el control *antidoping* le había dado positivo).

"Si me condenan, llevame dulce de leche" (Ante la posibilidad de ir a la cárcel).

"Estoy harto de ver llorar a mis nenas por las giladas que escriben algunos".

"El Pelado es un buen técnico. Si tengo la posibilidad de saludarlo, lo voy a hacer".

"Boca jugó a lo Boca y River fue River: jugó un gran primer tiempo y en el segundo tiempo se le cayó la bombacha".

"¡Meté al pibe que salgo!" (25 de octubre de 1997, Diego Maradona a su director técnico Héctor Veira. En su último partido, es reemplazado en el entretiempo por un pibe llamado Juan Román Riquelme).

"La verdad que tengo dolor en el abductor, dolor en la espalda, pero los dolores con la camiseta de Boca es otra cosa" (Entrevistado luego de su último partido que fue ante River).

"Se terminó el jugador de fútbol. Nadie está más triste que yo".

"No, muchachos, hoy tengo menos palabras que un telegrama" (Negándose a hablar con los periodistas).

"En un momento, Bianchi[73] no estaba con una mano atrás y la otra adelante, sino con las dos atrás. Después

____

73. Carlos Bianchi.

ganó títulos y le pusieron el Virrey de Liniers. Ahí no me saludó más y se olvidó de todo. Estando él en Europa, me ofreció plata para que le fuera a inaugurar una de sus escuelas de fútbol, en Reims. Eran su único ingreso porque ningún club lo llamaba. Hacía sapo. Yo me pagué el viaje, fui y no le cobré nada. La inauguramos, jugué con los pibes, los dirigí, hasta hice de árbitro. Pero después no me volvió a llamar para nada".

"Si un día me cruzo con Bianchi por la calle, lo escupo".

"Quiero terminar el secundario y tirarme a la Secretaría de Deportes".

"Al Napoli voy a ir con poderes absolutos. Primero voy como presidente, después decidiré yo quién es el técnico y si hay que jugar, jugaré. Me ocuparé del equipo, de los entrenamientos, de la parte técnica, de todo".

"Me quiero retirar en Peñarol, con el Enzo[74], y jugando la Copa".

"La propuesta de Huracán me interesa mucho".

"A Grondona se le escapó la tortuga renga".

"Estamos cerca de descubrir a los farsantes que nunca patearon una pelota y que siempre engañaron a la gente. Aquella suspensión fue una venganza, porque Argentina había eliminado a Italia en el Mundial 90, y ellos perdieron mucho dinero".

"Havelange[75] es más falso que moneda de tres".

"Solo falta que Blatter se levante un día y diga que hay que jugar con un dado".

"Tengo más sueño que el sereno de Terrabusi, viejo".

---

74. Enzo Francescoli.
75. Presidente FIFA 1974-1998.

"Cuando Duhalde sea presidente, me voy a Canadá".

"Todo lo que hice fue con dinero que gané limpiamente. Por otro lado, sí, soy contradictorio, OK. ¿Y la historia argentina qué?".

"Me gustaría hablar de mi problema en las escuelas y no en las radios, donde los estúpidos que no tienen ni idea se ponen a hablar sin saber porque en la Argentina no hay cultura de drogas. A la droga no la manejas nunca, te maneja a vos. El que dice: 'Yo la manejo', miente. O se autoengaña. Porque engañarse es la única forma de permitirse seguir con eso. Y también jura que la maneja para decirles a los amigos 'Yo la manejo, no ves que dormí, ahora me levanto y está todo bien. No pasa nada'. Todo mentira. Está desesperado por ir a buscar la droga".

"En la lucha contra la droga parece que uno lucha contra un fantasma".

"¿Si vuelvo a jugar? Ni a mi casa puedo volver".

"El otro día jugué un rato al fútbol y me di cuenta que tengo menos piernas que una foto carnet".

1998

"A Matías Camisani[76] le comería la boca".

"Yo los putie a los italianos cuando silbaron el himno. No me arrepiento. Que me echen del país, que me de-

---

76. Modelo publicitario.

claren persona no grata. El que me putea el himno es mi rival para toda la vida".

"Me gustaría jugar la Copa Libertadores con la camiseta de Colón".

"Si al fútbol se jugara como habla mucha gente en este bendito país[77] seriamos los campeones, los tetracampeones, seriamos unos fenómenos".

"Castrilli es impresentable, un burro. En el Mundial nos va a hacer quedar como el culo".

"A Macri lo vi en el casamiento de Valeria Mazza y le dije algunas cositas duras. Él me contestó que yo hablaba mucho. Y es verdad. 'Yo hablo mucho, pero yo hice. Vos ni hablas, ni haces, sos impresentable', le respondí".

"Si Boca sale campeón, la Bombonera va a ser la segunda fiesta de Sudamérica, después del Carnaval de Río".

"Yo fui el primero en querer boxear a Redondo porque dejó la Selección para estudiar y después abandonó la facultad porque le tiraron unos mangos más, pero es el mejor 5 que tenemos".

"Palermo[78] sale de la casa y hace un gol".

"El Cholo Simeone le dio el chocolate, y Beckham[79] picó" (Tras la expulsión del inglés en el partido Argentina-Inglaterra).

"Cuando el Bambino Veira abandone Boca, yo voy a ser el técnico. Y después espero ser el técnico de la Selección".

---

77. Argentina.
78. Martín Palermo.
79. David Beckham.

"En este fútbol donde todos parecen maratonistas, el Mellizo corre 20 metros por partido y le pinta la cara a cualquiera" (Elogio a Guillermo Barros Schelotto).

"Para mí ir a un Mundial es lo mismo que, para un chico, ir a Disney".

"El 99 por ciento de las cosas que se dicen y se escriben de mí, son mentiras".

"El *Burrito* Ortega[80] tiene que saber que Ranieri [81]en Italia es un 4 de copas".

"Orteguita le tenía que haber dedicado sus goles al caretón de Ranieri".

"En el 86, nosotros nos rompíamos el alma mientras él[82] tomaba sol en Acapulco".

"Passarella es un dictador".

"Dalma me dijo que, si Passarella llega a ser el nuevo DT, deja de ser hincha de Boca".

"A Ramón le tengo ternura. Me jode que lo bombardeen porque ahora está perdiendo".

"Bianchi no me gusta. El Vélez campeón ya estaba armado. Además, salió campeón con Vélez y se agrandó".

"Si a Vélez lo dirigía Andrea Bocelli, igual salía campeón" (En referencia al cantante lírico ciego).

"Ni bien termine con la gira de despedida por todo el mundo, me voy a sentar en el sillón de la Asociación Mundial de futbolistas. La FIFA va a empezar a temblar".

"Pelé es un esclavo, le vendió el corazón a la FIFA".

---

80. Ariel Ortega.
81. Claudio Ranieri.
82. En referencia a Daniel Passarella.

"Político no voy a ser nunca. Lo que siento, lo digo y basta".

"Hay tres ofrecimientos de equipos ingleses. Le voy a dar para adelante, pero ojo, porque los ingleses son muy derechos, pero también muy caretones".

"Quiero que All Boys me anote para jugar el octogonal".

"Jugar en el Santos de Brasil es para mí el primer paso para realizar un viejo sueño: ser el técnico del seleccionado de ese país".

"Me gustaría jugar en el Flamengo con Romario".

"Espero que se concrete la posibilidad de ser técnico de Huracán junto con Carlos Fren".

"Ojalá pueda jugar con Marito Kempes en el Mineros de Venezuela".

"Sacar a Bati ahora es como reemplazar a Maradona en el 86. Él es el alma del equipo".

"Bati solo quería quedar bien con Passarella, y eso me jode".

"Me parece una gilada que los hinchas hagan la ola".

"Argentina se disfrazó de Alemania y Holanda, que se disfrazó de Argentina, nos pegó un baile bárbaro".

"En esta Selección, al que tira un caño, le tienen que regalar un auto" (Sobre el estilo de juego del equipo en la gestión Daniel Passarella).

"Ortega es un hijo de Daniel Passarella" (Tras la expulsión del Burrito ante Holanda en el Mundial de Francia).

"Argentina no sintió el partido, y al fútbol hay que sentirlo. Los holandeses lo sintieron y ahí está la explicación del resultado" (Luego de la derrota de la Selección contra Holanda en el Mundial de Francia).

"Quedar afuera de un Mundial sólo es comparable a ver cómo le peguen a tu vieja y vos estás atado a una silla".

"¿Mi mayor alegría en el fútbol? Haber ganado el Mundial 86. Cuando terminó el partido, me sentí el hombre más feliz del mundo".

"Bianchi no existe".

"Estoy enamorado del Coco Basile".

"Cuantos más técnicos conozco, más quiero al Coco Basile".

"¿Pekerman[83] DT de la Selección? No tiene experiencia".

"Bielsa[84] parece buen técnico, pero mira que los jugadores de Newell's, cuando yo estuve, me hablaron muy mal de él" (Cuando el Loco asumió en la Selección).

"Te voy a contar un secreto, Shilton: fue con la mano".

"Él viene a mi país y me quiere ayudar a mí, pero cuando tuvo que ayudar a Garrincha, que se murió de cirrosis, no lo hizo" (Afirmaba en una entrevista sobre Pelé).

"Les ofrezco mil disculpas a los ingleses, de verdad, pero volvería a hacerlo una y mil veces. Les robé la billetera sin que se dieran cuenta, sin que pestañearan".

"La Mano de Dios fue una picardía, y no se ve en el fútbol europeo, solo en el sudamericano. Y lo volvería a

---

83. José Pekerman.
84. Marcelo Bielsa.

hacer. ¿O se pensaban que le iba a decir al árbitro?: 'No señor, lo hice con la mano. Anúlelo'".

"Yo lo quiero mucho a Julio Grondona, porque fue el mejor dirigente argentino. Pero me da mucha pena verlo en esa fila de corruptos".

"Si Macri le ofreció a Passarella ser técnico de Boca, es un cajetilla".

"Macri es un nene de papá con caprichitos".

"Macri es impresentable. Ni siquiera está a la altura del Cartonero Báez".

"Le gusta más la plata que dormir a Pelé".

"Reconozco que no soy Ceferino Namuncurá, pero tampoco era para que en Italia me hicieran la vida imposible".

"Si los novios de mis hijas las hacen llorar dos o tres veces, van a tener un accidente" (Cuando Dalma y Gianinna aún no tenían novio).

"Chilavert es un buchón, y con letras mayúsculas".

"A Latorre me dan ganas de pegarle un bife, pero pegarle a un estúpido no tiene sentido. Después viene a casa a pedirme que lo ayude a volver a Boca".

"En otro plantel, alguien le habría pegado un bife a Latorre. Yo le habría pegado un cachetazo. Si piensa que Boca es un cabaret, que vaya y les dé un bife a las putas del vestuario. Me dio lástima ver a Fabbri y Abbondanzieri defendiendo a Latorre. Parecían comprados. Si el plantel le arruga a Latorre".

"No quiero que Havelange diga que es mi padre. Yo tengo un padre excepcional y no un hijo de puta como él. Si tuviera un padre así, ya estaría muerto".

"A la página web de João Havelange la llamaría ladrón. com".

"Ahora que ganó las elecciones de la FIFA, Joseph Blatter va a poder chorear junto a Havelange".

"Blatter me quiere como un hijo. Sí, como un hijo de puta".

"Es mentira que para jugar bien al fútbol haya que tener hambre. El que siente pasión por jugarlo no necesita tener hambre. En mi colegio había pibes que preferían dejar de ir al Ital-Park para prenderse en un picado. Y jugaban tan bien como yo, que ni siquiera conocía el Ital-Park".

"Duhalde es muy siniestro".

"Reiziger[85] es el futbolista más feo del mundo".

"¿Cómo se te va a escapar una tortuga? ¡Si caminan así! Se te puede escapar una liebre, un conejo. Una tortuga no".

"¿Por qué siempre me gusta luchar contra los poderosos? Muy simple, porque me repatea el hígado la injusticia. Y en este mundo, incluido el mundo del fútbol, hay exceso de injusticias".

"Solo les pido que me dejen vivir mi propia vida. Yo nunca quise ser un ejemplo".

---

85. Michael Reiziger.

1999

"No descarto que sea el presidente de Boca en el futuro. Si fuera así, lo pondría a Guillermo como presidente y yo sería el *manager*".

"No votaría a Menem. Me parece que se tiene que tomar un buen descanso. Aunque después no queda nadie: son todos verduleros".

"A Latorre lo voy a fajar, lo voy a cagar a trompadas. Quiero ver si conmigo se va a hacer el guapo. Si no fuera por Boca, hoy seguiría en el country" (Cuando Latorre, jugando para Racing, se tapó la nariz delante de la tribuna de Boca).

"El fútbol es el juego del engaño, amagas ir para allá y te vas para el otro lado, y el contrincante se va para el otro lado".

"No me gusta Clinton ni ningún otro norteamericano".

"Todavía no llegó el tiempo de pensar en mí. ¿Cuándo será? No sé, el día que me llegue, o antes me llegará la muerte".

"Soy argentino hasta las pelotas".

"Si Mascardi se mete con la camiseta argentina, va a tener quilombo conmigo. Y si prefiere tratar con dirigentes corruptos, es porque él es un corrupto".

"Me gusta Bielsa porque elige a los jugadores sin fijarse quién es el representante. Y me gusta que no dé notas".

"Yo soy revanchista".

"Si tengo un varón se llamará Ayrton, por Senna".

"Mis hijas legítimas son Dalma y Gianinna. Los demás son hijos de la plata o de la equivocación. Un hijo se hace de a dos, y no para salvar un matrimonio o para encerrarte o para encarcelarte. Y me importa un carajo lo que diga la Iglesia".

"Bati es el más grande del mundo".

"Batistuta es un alcahuete, cortarse el pelo por pedido de Passarella es de alcahuetes, porque Bati hizo 300 goles con el pelo largo. Y para la Selección no existe el cansancio" (Cuando Batistuta no jugó la Copa América).

"Acá creemos que tenemos un solo drogadicto en el país y que es Maradona y no es verdad. Hay demasiados drogadictos y hay demasiadas cosas que están mal. Como los doctores, que se llenan de plata teniendo a un adicto por años para seguir cobrándoles la recuperación. Creo que la droga no me privó de nada en lo deportivo, porque fue como la ventaja que le di a mis rivales. Pero sí me privó de ver despertar a mis hijas un montón de veces y de haberle dado a mi mujer más días de sol y no tanta oscuridad".

"El delantero que reemplace a Palermo va a llegar con María Marta Serra Lima sobre los hombros".

"Nosotros no festejamos más cumpleaños, festejamos campeonatos" (Luego de un Boca 2 – River 1, Clausura 1999).

"Yo no tengo nada en contra de los animales, pero acá parece que respetamos más a los animales que a los seres humanos. La cancha de polo de Palermo es un billar y los campos de fútbol son un desastre".

"Los centrales de Brasil son dos orangutanes".

"Aimar[86] es mi sucesor".

"Bianchi fue a la Roma y no ganó ni un entrenamiento".

"Respeto a Bianchi porque ganó un título, pero tampoco digamos que el mono es lindo" (Cuando Boca empezaba a salir campeón con el Virrey).

"Me jode terriblemente que haya futbolistas que no quieran jugar la Copa América. A todos estos les digo que son unos cagones".

"¿Recién ahora se dan cuenta? Yo ya dije en su momento que en la final del Mundial 90 nos habían robado" (Luego de que el presidente de la Asociación Mexicana de Árbitros en 1990 denunciara que la FIFA le propuso a Edgardo Codesal dirigir la final con la condición de que por ningún concepto Argentina le ganara a Alemania).

"El jugador que no defiende la camiseta argentina es el tipo más odiado y no puede ni caminar por Florida".

"Ahora resulta que a Havelange lo investigan los mismos diputados brasileños por tráfico de drogas y de armas. Hasta por tráfico de pelotas de waterpolo".

"El *Bambino* Veira era número puesto para la Selección, pero por todo lo que le pasó le cortaron la cara. Acá tenés que levantarte a las 9 de la mañana, ir a la Iglesia, almorzar e ir a cenar con tu familia. Acá hay que ser falso".

"Castrilli es un payaso que hizo toda su carrera de árbitro pensando en un cargo político".

"El dirigente de fútbol abre la heladera y sonríe. Le gusta más la foto que a Sharon Stone".

---

86. Pablo Aimar.

"Me encantaría ser presidente de Boca con tal de sacarlo a Macri. En la semana voy a hablar con Heller de esto".

"Yo lo quiero cortar, yo lo quiero cortar, pero no hay ninguna pastilla, ninguna inyección, que cure esta enfermedad increíble" (Problema con las drogas).

"En las Malvinas no teníamos ni cañones de chocolate".

"Los políticos nos cogen hace dos mil años".

"Ser político es ser enfermo de la cabeza".

"Hoy, por un par de zapatillas, te cortan el cuello".

"Acá que nadie me hable de ejemplos. Si están todos más sucios que un bidet".

"Los argentinos decimos que somos los vivos de Sudamérica y en realidad somos los boludos grandes que en vez de un barco robamos un kiosco".

"Duhalde es un cáncer".

"Yo puedo equivocarme, pero con mi cuerpo. Los argentinos saben que el Diego no les metió la mano en el plato de comida".

"Dalma tiene una computadorita en la cabeza".

"A la Claudia la estoy vacunando todos los días porque quiero tener un hijo varón".

2000 A 2009

2000

"Y pensar que cuando brindaban todos decían: 'Sera un gran año', y yo casi no llego ni a vivir dos días" (Cuando estuvo al borde de la muerte en Punta del Este).

"El de arriba me dio una nueva oportunidad".

"El Barba me dio tanto, tanto, que ya me da miedo pedirle más. Igual, siento que siempre hay una nueva oportunidad en la vida".

"Vivo y viviré para mis hijas hasta el último minuto de mis días".

"Tengo que cuidar mi corazón para Claudia y para ellas [87]. Porque la gente puede tener un Saviola[88] o un Riquelme[89], pero ellas solo me tienen a mí".

---

87. En referencia a sus hijas.
88. Javier Saviola.
89. Juan Román Riquelme.

"Claudia es la mejor mujer, la que elegí para toda la vida. No puedo hacerle ningún reproche. Ella es la mejor madre, la mujer que tengo en mi corazón. Voy a morirme a su lado, la quiero con toda mi alma".

"No me va eso de los psicólogos".

"Guille[90] es mi hermano, va a estar a mi lado hasta que me muera".

"Dalma y Gianinna me cantan por teléfono 'tengo el corazón con agujeritos', y al corazón de Maradona lo van a curar ellas".

"Soy el ejemplo de lo que no hay que hacer. Entras en la droga en un segundo, salir te puede costar la vida".

"Que mi país se cure de los malos funcionarios antes que yo del corazón".

"Yo de drogas no hablo, porque de drogas hablan los que no saben nada".

"Si me equivoco de nuevo y tomo cualquier sustancia que no sea buena, paso a integrar una terna con Juan Manuel Fangio y Carlos Gardel" (Después del susto de Punta del Este).

"A la droga entras en un segundo y no salís en toda tu vida".

"Vi a mi corazón en colores, todo cortadito en fetas, como milanesa".

"No quiero dejar este mundo, voy a luchar para seguir viviendo" (Al abandonar la clínica donde estuvo internado por sobredosis).

"Si tengo que definir a Fiorito, digo lucha".

---

90. Guillermo Coppola.

"Montes[91] me dijo: 'Vaya Diego juegue como usted sabe y si se puede tire un caño'. Y yo le hice caso" (Anécdota de su debut en 1976).

"¡Si me contaran los goles que hice ahí, tengo más que Pelé! Pero, claro, eso no se puede probar, aunque yo sé que los hice" (Recordando sus inicios en "Los Cebollitas").

"Perdí el primer partido, sí, pero arrancaba con Argentinos una larga historia, hermosa, inolvidable, siempre digo que futbolísticamente toqué el cielo con las manos, pues sabía que se iniciaba algo importante, algo grandioso en mi vida" (Recordando su debut en primera con Argentinos Juniors).

"Los yanquis venden computadoras usadas y cuando eligen, cuentan los votos con los dedos".

"En el cielo pasan cosas lindas, pero ya habrá tiempo para ver un recital de Elvis o charlar con Pocho Perón".

"Tengo el orgullo de ser amigo de Fidel, que es el más grande de la historia viviente. No soy comunista, soy fidelista a morir".

"Vive en un lugar con techos de oro, mientras tanta gente pasa hambre, y después va y besa la tierra de los países pobres" (Refiriéndose a su encuentro con el Papa Juan Pablo II).

"Encima me dijo que jugaba al fútbol, y cuando le pregunto de qué jugaba me dice: 'Era el arquero', tenía todas en contra el papa" (Refiriéndose a su encuentro con el Papa Juan Pablo II).

"En la final del 90 nos cogieron antes de jugar. Cuando fuimos a reconocer el estadio, apareció Grondona y me

---

91. Juan Carlos Montes.

comentó que tenía un mal presentimiento. Yo me recalenté con Julio, no podía creer que me estuviera diciendo eso. Y después del partido fue peor, porque vino y me dijo: 'Está bien, hicimos lo que pudimos'. Nos habían robado, el partido estaba digitado".

"Yo vivo con miedo. Lo que pasa es que al miedo lo tolero. Pero siempre vivo con miedo".

"Yo sé que ser pobre es duro. Pero también es duro ser famoso".

"Cani me reemplazó en el corazón de la gente".

"Si la bruja me echa de casa, me vengo a dormir al palco de Boca".

"Si en el 86 dije que el gol a los ingleses lo hizo la mano de Dios, ahora digo que el vidrio de ese auto lo rompió la fuerza de la razón" (Luego de agredir a un fotógrafo y su auto).

"Yo admito mi enfermedad, pero los de la FIFA tienen otra: la del choreo, la de la vergüenza. Son adictos al trabajo y al choreo".

"Lo quiero mucho a Pablito Aimar: le regaló la camiseta a Dalma. Eso sí, no la besó. Sino, todavía lo estoy corriendo".

"Verón en la Selección tiene más faltas que Gianinna en el colegio" (Ante una lesión de la Brujita que le impidió jugar un partido contra Uruguay).

"La *Brujita* Verón no puede ponerse en pastor con mi problema. Está todo mal con él".

"Bati, Crespo y Verón se tienen que encerrar en una pieza, matarse a trompadas y después aclarar las cosas. Basta de mariconeadas. Que le den felicidad a la gente".

"El fútbol es como querer a la madre".

"De una patada fui de Fiorito a la cima del mundo, y ahí me la tuve que arreglar solo".

"No tengo nada contra Saric[92], pero el que se suicida es un cagón. Antes del suicidio prefiero que me maten. Tengo huevos como para no suicidarme. Esquivarle el bulto a la vida es como ser un don nadie".

"A veces me agarran bajones, pero pongo *El Chavo* y se me pasa todo".

"Coppola es vivísimo. Fuma debajo del agua".

"No me maté en el choque porque el Barba no quería que le hiciera lío arriba".

"En Cuba estoy más solo que Kung Fu".

"Cuando me estaba muriendo, me llamaron para reemplazar a Bielsa. Después nadie me llamó. Soy medio boludo, pero no me he muerto".

"Ser elegido el mejor del siglo es como tocar el cielo con las manos".

"Defiendo a muerte mi premio como Deportista del Siglo XX. Lo defiendo con todo lo que hice en veinte y pico de años. A los que hablan de Fangio[93] les digo que no vieron una sola carrera de él. Además, todos tenemos miseria o debilidades. Y Fangio las tenía, también le tomó la leche al gato. Yo corrí durante millones de minutos en todas las canchas del mundo. Y si Fangio hizo cosas por la Argentina, yo hice más. Me acompañó la televisión y cualquier chico puede hablar con conocimiento de causa de Maradona porque lo vio. A los

____

92. Joven jugador de San Lorenzo que se suicidó.
93. Juan Manuel Fangio.

que quieren armar polémica, que pasen por casa que les muestro los trofeos".

"Quiero que el colegio de mis hijas me reconozca como 'el mejor padre'. Ya no me interesan los premios al mejor deportista".

"Cuando lo abracé a Pelé en Roma casi le pregunto qué sentía por haber salido segundo, pero hubiera sido para quilombo" (Tras la premiación de la FIFA por el jugador del siglo, en la que Diego sumó más votos que el brasileño).

"Los hijos se tienen de a dos. Yo tengo dos hijas, Dalma y Gianinna, le pese a quien le pese: jueces, abogados, marineros, prostitutas, lo que sea. Para tener a Dalma y a Gianinna hablé con Claudia y a mí nadie me puede venir a decir 'tengo un hijo tuyo'. ¿Quieren un hijo del dinero? Bueno, trabajaremos para pagarle a la atorranta que quiere tener un hijo del dinero. Digo atorranta porque lo pueden tener conmigo, lo pueden tener con vos o con los que quieran, porque hay bancos de semen también. Si el día de mañana se presenta algún hijo, lo escupo. Cuando la decisión pasa por una sola persona, me da asco".

"Si me muriera y en el cielo se pudiese jugar al fútbol, no me gustaría hacerlo con Pelé".

"Pelé debutó con un pibe".

"Pelé dejó tirados a sus compañeros, como a Garrincha. Yo nunca haría eso".

"El grone[94] da lástima. Está enfermo de protagonismo" (Sobre Pelé).

---

94. En referencia a *negro*.

"Al fútbol ya no juego más. Ahora juego con mis hijas y pierdo siempre".

"A la gente le digo que yo nunca le cobré mis goles a nadie".

"El fútbol de Brasil está un gol adelante nuestro".

"Bajé dos o tres veces a buscar la pelota y cuando quise subir, parecía que estaba escalando el Everest".

"Ganarle a River es como que tu mamá te venga a despertar con un beso a la mañana".

"La azul y oro pesa mucho y cuando River la tiene enfrente, mamita mía, no sabe para dónde correr".

"Mi ilusión es dirigir al Barcelona. Sé que tengo una sola posibilidad y las otras 99 restantes, fuera. Pero si me llega esa sola posibilidad, la agarro y no la suelto".

"Me encantaría dirigir Almagro".

"En el 2001, voy a recorrer África en misión de paz, pero no vestido de blanco y besando la tierra, sino escuchando a esos pueblos".

"A la Selección yo le di 20 años de amor".

"Mi sueño es despedirme de la Selección durante un partido, y por ahí se me da. Eso sí: si Bielsa me pone en el banco, me lo como".

"De Cruz[95] no se sabe dónde juega, si estaba en el PSV, en el Bologna. Hace una encuesta a ver cuántos argentinos saben dónde juega".

"Ser presidente de Boca es como regalarle chupetines a los chicos del jardín de infantes: fácil".

---

95. Julio Cruz

"Blatter me convenció. Finalmente la FIFA tiene un presidente de verdad, con ideas jóvenes, quien me propuso colaborar con la actividad mundial".

"Mi corazón, o lo que queda de él, es todo de Boca".

"D'Alessandro[96] es el más parecido a mí".

"Si sigo hablando así de los dirigentes, no me van a dar un laburo ni de utilero".

"Guillermo[97] va a seguir siendo el capitán del barco hasta el día en que yo me muera".

"Guillermo me salvó la vida. Al que hable mal de él, hay que romperle la boca".

"Con Guillermo queremos llegar a ser unos viejos pelotudos".

"Me gustaría que los argentinos no votáramos más por el asado".

"Yo, más que Diego, soy pueblo. Y sé qué funcionarios le gustan a la gente".

"Esto va para los argentinos: los sueños se cumplen".

"Alguien dijo que yo era la vergüenza de la Argentina. Y yo digo que no lo soy. Así como no le cobré los goles a nadie, simplemente les arranqué una sonrisa a través de mis goles y de mis gambetas, ya no soy la vergüenza porque no le meto a nadie la mano en el bolsillo y porque cada vez que hablo digo las cosas con el corazón. Con el poco corazón que me queda".

"Los milicos nos hicieron dormir una siesta y salieron a cazar".

---

96. Andrés D'Alessandro.
97. Guillermo Coppola.

"En este país, los boludos son como las hormigas: aparecen todos juntos".

"Lo que nunca le voy a perdonar a Menem es el indulto. Estoy a muerte con las madres de esos chicos desaparecidos".

"Tengo el orgullo de ser amigo de Fidel, que es el más grande de la historia viviente. No soy comunista, soy fidelista a morir".

"Fidel Castro se desmayó para demostrarle a todo el mundo que es humano. En cambio, el Papa es un dinosaurio. No existe".

"De chico, pasar el puente Alsina era como ir a Manhattan".

"El juez Bernasconi[98] es muy rápido, es capaz de meterle un supositorio a una liebre".

"Me molesta que el Che[99] no esté en las escuelas argentinas y que el gobierno no haya pedido por la repatriación de sus restos".

"El mejor homenaje que le puedo hacer al Che es este tatuaje en mi brazo derecho".

"Cuando dicen que yo no soy ejemplo, ejemplo no es nadie, ejemplo son los padres. No es ni Maradona, ni Rivaldo, ni Pelé. Nosotros tenemos que jugar al fútbol 90 minutos y nada más".

"Viví 40 años que valen por 70. Mi vida no fue normal, me pasó de todo. De una patada fui de Fiorito a la cima del mundo, al Everest, y ahí me las tuve que arreglar solito, porque no había nadie a mí alrededor y nadie me explicó cómo era, cómo se actuaba en esos casos".

---

98. Hernán Bernasconi.
99. Ernesto *Che* Guevara.

2001

"Se mandaron cualquiera, ¡si yo nunca use la 7, hermano!" (Pusieron una foto de Carlos Randazzo en vez de Maradona en la contratapa del libro *Yo soy el Diego*).

"Lástima creo que no se le tiene a nadie, maestro. Si vos le tenés bronca, lo querés pelear, pelealo, tenele bronca. Pero lástima, a nadie" (A José Sanfilippo).

"Los argentinos somos lamebotas de los yanquis".

"¿Si en Villa Fiorito me imaginaba que saldría campeón del mundo? Sí, claro, teníamos Internet, video games y computación. No, no me lo imaginaba".

"Voy a poner el pecho. No estoy en el libro de los cagones".

"A mis hijas las adoro. Dalma estuvo una semana conmigo en Cuba y fue como una luna de miel".

"Dalma y Gianinna son mis ojos".

"Si me lo encuentro a Duhalde en el desierto, le tiro una anchoa".

"En Argentina hasta Mandrake se muere de hambre. Este país no tiene solución".

"Con Pelé no podríamos haber jugado juntos porque no me hubiera gustado tener a un mal compañero. Somos el agua y el aceite. Cuando de un jugador se dice que se entrega a los dirigentes, ya no me gusta. Y la carrera de él fue así".

"Pelé no puede digerir que yo le haya ganado por 52 000 votos la elección del mejor jugador del siglo".

"Cuando Pelé reconozca que debutó con un jovencito, yo saldré a decir si sigo o no consumiendo droga".

"Prefiero estar arruinado por la droga y no tener que declarar ante los diputados por corrupción, como le pasó a Pelé. Yo no robé a nadie".

"Dios es justo. Por eso a Pelé le está pasando lo que le está pasando" (Cuando el brasileño era investigado por la justicia de su país).

"¿Pelé se sigue cogiendo pibes?".

"El negro no sabe perder ni a la bolita" (Sobre Pelé).

"Llegar al área y no poder patear al arco es como bailar con tu hermana".

"Boca tiene menos definición que la televisión que teníamos en Fiorito".

"Ni la del 78 ni la del 86. La mejor Selección fue la del 94".

"¿Palermo pasó al Villarreal? No me jodan".

"Márcico habla por boca de ganso. Me parece que se tomó un par de Coca- Colas de más".

"El gol que más disfruté en mi vida fue en Boca, el que le hice al Pato Fillol, en el 3-0, de 1981".

"Nada se compara a salir campeón con Boca".

"Lo mío por Boca es amor".

"Boca en el Clausura la tiene más difícil que De la Rúa[100] en el país. Ahora hay que dedicarse a la Copa Libertadores".

---

99. Fernando De la Rúa, presidente de la Nación Argentina entre 1999 y 2001.

"Salir campeón con el equipo que era hincha, fue lo más" (Al recordar al Boca campeón del Metropolitano 1981).

"Muchos caudillos se cagaron en este templo del fútbol que es la Bombonera. Jugaban en cualquier parte del mundo, pero cuando llegaban a la Boca iban muchas veces al baño".

"Agradezco a Dios que haya creado la Bombonera y me haya hecho de Boca".

"Es odioso que comparen a los pibes conmigo".

"Si me dan la posibilidad de jugar un partido oficial con la 10 de la Selección, sería el tipo más contento del mundo. Pero no soy tan soberbio como para pedir que retiren la camiseta número 10".

"Parece que algunos comemierdas no quieren que retiren la 10 de la Selección".

"A Orteguita le metimos enseguida el Maradona arriba y fue a Europa y no la tocó" (Sobre Ariel Ortega).

"Merezco ser el técnico de Boca".

"Riquelme es el mayor estratega de la Argentina".

"El gran capitán soy yo".

"Passarella dirige a Uruguay. Eso es escupir la bandera. O es un gran capitán o es un gran desertor".

"El que ordenó que los jugadores se hagan la rinoscopia es un terrible vigilante".

"Mis hijas están rezando para que me dejen dirigir Boca".

"Voy a conducir un programa de entrevistas, empezando con Fidel Castro, Michael Schumacher y Shaquille O'Neal".

"Si me ofrecen la dirección técnica de Boca, me voy nadando a la Argentina" (Cuando estaba en la clínica Las Praderas en La Habana, Cuba).

"En la Argentina solo sería técnico de Boca y la Selección".

"Cuando vuelvo a ver el segundo gol a los ingleses, me parece mentira".

"¿Dirigir algún equipo de la Bundesliga? ¿Y por qué no?".

"La Mano de Dios fue como robarle la billetera a los ingleses".

"¿*Manager* de Talleres? Lo estoy pensando".

"Macri me va a prestar la Bombonera para el cumple de 15 de Dalma. Él es bueno y lindo".

"A los jugadores de Nike no les sale el *doping*. A los de Puma, Adidas y Topper, sí. Investígalo".

"¿Algún sueño por cumplir? Si no tenés sueños no podes seguir viviendo".

"Que Roberto Avanzi no se haga el boludo que en su época de jugador no tomaban café con leche" (Acusación al médico deportólogo).

"La verdadera droga de Argentina es el hambre".

"El país no llega al arco contrario".

"Cuando lo metieron en cana a Menem, lo hicieron pagar por todos los presidentes que no pagaron".

"Yo decía que no votar era no comprometerse con el país. Pero hoy, votar es como jugar a la quiniela. Y a la clandestina, que por ahí te pagan o por ahí no".

"Sacando a los afganos, los que más sufren son los argentinos".

"A los argentinos no sé con qué pagarles".

"Hay muchos políticos que tienen la cara llena de barro, por no decir de mierda".

"Acá hubo jugadores que se aprovecharon de la camiseta para que la gente votara al radicalismo o el peronismo. ¿O nos olvidamos de Passarella y compañía?".

"Los políticos nos vaciaron. Son todos unos ladrones".

"Una persona que entra en la droga debe tener conciencia de que la batalla hay que pelearla día a día. No podés levantarte y decir: 'Fui'. No podés. Tenés que despertarte y decir: 'Hoy vuelvo a luchar contra el infierno de la droga'. Solo así podés luchar e intentar salir".

"De la Rúa está durmiendo la siesta. ¡Despiértenlo!".

"Duhalde está más sucio que una cloaca".

"Fidel tiene las pelotas bien puestas".

"En Argentina, el que no tiene plata se muere. En Cuba, no".

"El Comandante[101] quiere aprender de fútbol. El otro día le expliqué la ley del *offside*".

"Al Papa no lo iré a visitar nunca más. Es muy aburrido".

"Los argentinos somos lamebotas de los yanquis".

---

101. Fidel Castro.

"De seguir así, Estados Unidos nos va a clavar su banderita".

"Me gusta el fútbol inglés, siempre me ha gustado. Solo que la gente recuerda el Mundial de 1986 y entonces soy visto como el chico malo".

"A Cavallo[102] no lo votó nadie. Solamente su señora y el barrendero, al que todas las mañanas le da 10 pesos".

"Seria como estar al lado de Jesucristo. Le agradezco al que se le ocurrió. Estoy loco de alegría. Juro por mis hijas que no lo soñé. Pero si se da, me muero. Es un milagro" (Soñando con la posibilidad de ponerse la camiseta de Boca en un partido oficial en la final Intercontinental ante el Bayern Munich).

"Yo estoy yendo de sorpresa en sorpresa, hace unos meses la gente pedía por *mail* que sacaran la camiseta 10 de la Selección y parecía que era imposible. Pero el milagro se dio y hoy estamos a un paso de que la saquen. Más no le puedo pedir al Barba".

"Si Fidel Castro viene a mi partido homenaje, sería como ir a patear penales con Dios".

"Agradezco a Dios por haberme hecho hincha de Boca".

"A Coppola no le fallé nunca, y menos ahora. Por él, y por toda la gente que me quiere, voy a jugar mi partido homenaje".

"Muchachos, no vayan a promocionar este partido como mi despedida, ¿eh?. Es un partido homenaje. ¿Estamos? Partido ho-me-na-je. Si dice despedida, los boxeo a todos, uno por uno".

"Quiero festejar con todo el pueblo maradoniano".

---

102. Domingo Cavallo, exministro de economía.

"Este no es un partido despedida. Es un partido homenaje. Yo nunca me voy a ir del fútbol".

"Yo traté de ser feliz jugando al fútbol y hacerlos felices a todos ustedes. Creo que lo logré y la verdad no me lo esperaba porque esto es demasiado para una persona, demasiado para un jugador de fútbol. Esperé tanto este partido y ya se terminó, ojalá que nunca se termine este amor que siento por el fútbol y que no termine nunca esta fiesta y que no termine nunca el amor que me tienen. Les agradezco en nombre de mis hijas, de mi vieja, de mi viejo, de Guillermo y de todos los jugadores de fútbol del mundo. El fútbol es el deporte más lindo y sano del mundo, eso no le quepa la menor duda a nadie. Porque se equivoque uno, no tiene que pagar el fútbol. Yo me equivoqué y pagué, pero la pelota no se mancha" (En su partido homenaje).

"Hoy fue el día más feliz de mi carrera, más los goles a los ingleses" (Luego de su partido homenaje).

2002

"Con Passarella, la Selección jugó un fútbol que nunca sentimos".

"No sé si fui el mejor jugador de la historia del país, pero sí fui el que mejor entendió a la gente".

"El mejor equipo que integré fue, lejos, la selección juvenil 1979. Nunca me divertí tanto en una cancha de fútbol. Yo a Japón le entregué lo mejor de mi fútbol".

"No me gusta cuando llega la noche, porque quiero jugar todo el día al golf".

"Gianinna es única, pero Dalma es mi reina".

"Es injusto para Saviola, Aimar, Riquelme y Tévez. No les pongan la presión de que se parezcan a Maradona".

"En la selección tiene que haber una ley, pero no la de los políticos o la del Congreso, sino la ley del sentimiento. El jugador de la selección es responsable de representar al país y sentir eso es hermoso, realmente hermoso".

"Yo no maté a nadie y respeto las leyes japonesas. Yo no les tiré ninguna bomba nuclear. Es un contrasentido. Si quieren salvaguardar a los japoneses deberían no permitirle entrar a (los jugadores de) Estados Unidos" (Recriminó a las autoridades japonesas el haberle negado el visado para asistir al Mundial).

"Quiero recordarles que los americanos tiraron dos bombas nucleares y pueden pasear tranquilamente por Tokio. Fujimori hizo desastres en Perú y hoy está en Japón. Yo no maté a nadie, a ningún japonés, solo me hice mal a mí, y no me dejan entrar".

"Daría un brazo mío para que esta Selección gane el Mundial".

"Yo creo que Tabárez[103] de inteligente y de maestro no tiene nada".

"Los ingleses están cagados" (El día anterior al partido Argentina- Inglaterra, en Japón).

"Bielsa tuvo suerte. Si otro técnico hacía el mismo papel de Argentina en el Mundial, no dirigía más ni en Tailandia".

---

103. Óscar Tabárez.

"Me siento culpable de la eliminación del Mundial. Durante el partido contra Suecia me preguntaba por qué no fui a Japón a alentar a los muchachos".

"Bielsa tiene que seguir en la Selección. Salvo en no poner juntos a Crespo y Bati, hizo muy bien las cosas" (Después del Mundial).

"Me gustaría dirigir la Selección de México. Soy un enamorado del fútbol y sí, aceptaría".

"A los novios de mis hijas los voy a pisar".

"Bianchi tiene los códigos de los jugadores. Usa saco y botines".

"Yo sé que es muy difícil ser humilde, siendo argentino".

"Todos los políticos tienen más manchas que un tigre".

"Estados Unidos le pone una mano al cuello a la Argentina y la desangra".

"Les mostró a todos los colombianos cómo se juega al fútbol. Tenía algunas cosas de Bochini[104]. Con 40 años podría seguir jugando, y con 50 también, porque no necesita correr para jugar" (Sobre Carlos Pibe Valderrama).

"Un personaje hermoso, un loco. Ya lo dije, él fue, en serio, el que inventó eso de que los arqueros patearan penales, tiros libres y también hicieran goles. Que no venga nadie a sacarle la patente, ¿se entiende, no?" (Sobre René Higuita).

"No me va como persona, pero debo decir que es un arquerazo y un delantero más en cada tiro libre, porque

---

104. Ricardo Bochini.

le pega un fenómeno. Eso sí, en eso, no inventó nada, Higuita[105] fue el primero" (Sobre José Luis Chilavert).

"Me queda una gran impresión sobre el colombiano Bermúdez[106], una gran impresión. Yo dije que, si volvía a Boca, el capitán tenía que ser él y ahora lo es, se ve que Bianchi me lee".

2003

"Ya no puedo jugar al fútbol. Estoy hecho una pelota".

"En mi puta vida pensé que iba a estar en Cuba jugando al golf".

"Parezco una pelota de playa".

"De Claudia me he separado. No tengo más amor" (La primera vez que reconoció su divorcio).

"Me di cuenta mucho tiempo después que los dolores de panza de mi vieja eran porque ella no comía para darnos de comer a nosotros".

"River es un excelente campeón de cabotaje".

"Argentinos vendió a Maradona, a otros jugadores, y se la pasó haciendo canchas de tenis".

"Cuando Menotti me dijo que me dejaba afuera del Mundial 78, sentí que me clavaba una puñalada terrible. Se me cayó el mundo abajo. Nunca pude perdonarlo ni creo que lo vaya a perdonar".

---

105. René Higuita.
106. Jorge Bermúdez.

"La cinta de capitán le hizo daño a la cabeza" (A Daniel Passarella).

"En la cancha yo no veo grandes cambios del equipo de Tabárez al equipo de Bianchi. Pero Boca gana y el que habla mal de Boca es un pelotudo. Y bueno, algunos pelotudos todavía quedamos. Bianchi es así. Gracias a Dios lo tiene Boca. Pero viéndolo no tiene ninguna diferencia con Chicago o con Banfield".

"Si Grondona echó a Basile en el 94, a Bielsa le tendría que haber pegado una patada".

"José[107] tiene sensibilidad, sentimiento, algo que muchos nos olvidamos cuando llegamos al profesionalismo. José nos dio una lección de cómo llevar a los chicos".

"Si yo tuviera un viejo con plata le digo, 'Papá, comprame el Mánchester'" (En declaraciones contra Mauricio Macri).

"Cada uno duerme con la cabecita puesta, no la puede dejar sobre la mesita de luz, y sé que Coppola me robó".

"Si no lo paran, Argentina es Colombia. Y como dijo *Chicho* Serna, en Colombia hay más muertes que cumpleaños".

"Muchos de los que me critican están más cerca del traje de madera que de otra cosa".

"Bush[108] es un asesino. Prefiero ser amigo de Fidel Castro".

"Tevez[109] es el mejor".

---

107. José Pekerman.
108. George Bush.
109. Carlos Tevez.

"¿Y ahora dónde se van a meter la camiseta del Milan? Pobrecitos. ¿Por qué no se ponen la camiseta de De la Rúa esos perdedores?" (Tras la consagración mundial de Boca, recordó que algunos hinchas de River habían usado durante la semana previa la camiseta de Milan).

2004

"Claudia es una madre ejemplar. Yo soy el único culpable de todo esto. Sigo enamorado de ella, pero no pude manejar una situación que ella no merecía".

"Vino Branco y se tomó toda el agua. Después tiraba los tiros libres y se caía" (Sobre el famoso bidón contra Brasil en el Mundial de Italia 1990).

"Mi familia me internó con amor. Los entiendo" (A la salida de la clínica).

"En la clínica hay uno que se cree Robinson Crusoe y a mí no me creen que soy Maradona".

"La locura es algo tremendo. En la clínica me sentía como Jack Nicholson en *Atrapado sin salida*".

"Estoy feliz. Volví a ser un chico de 18 años. Vivo en la casa de mis padres y me cuidan mis hermanos".

"De la noche a la mañana me quedé sin un peso" (Asegurando haberse quedado sin dinero responsabilizando a Guillermo Coppola).

"Lo que quiero es volcar la experiencia de todo lo que he vivido, lo bueno y lo malo, a chicos o a profesionales" (Insistiendo en que necesitaba un trabajo en movimiento y en contacto con los jugadores en cualquier club del país).

"No vengo a pedir trabajo, porque gracias a Dios mis hijas tienen para comer. Creo que me he ganado un lugar en el fútbol de la Argentina y del mundo. Lo que pido es respeto" (Maradona participó de los festejos por el centenario de la fundación de Boca en el estadio la Bombonera).

"Cuando entré al Vaticano y vi todo ese oro, me convertí en una bola de fuego".

"De qué voto de pobreza habla[110], si al entrar al Vaticano vi todo ese oro. Por eso me convertí en una bola de fuego".

"Yo crecí en un barrio privado de Buenos Aire. Privado de agua, de luz y de teléfono".

"No sé qué voy a hacer en los próximos quince minutos. ¿Cómo voy a saber qué voy a hacer mañana?".

"Soy celoso hasta los huevos".

"Yo tuve un laburo cuando estaba en las inferiores de Argentinos. Fui fumigador. Me ponía la pilcha, la escafandra, preguntaba a qué edificio tenía que ir y me iba a fumigar".

"La Claudia está bárbara, pero me corta el rostro".

"Dalma es la primera de la familia Maradona que consigue un título de graduación".

"Todo lo que hice fue por malaprendido, no por maleducado. Mis viejos no tienen la culpa. Ellos son todo para mí, símbolos, próceres, ángeles".

---

110. En referencia al Papa.

"Es duro que las nenas tengan novio. Y más duro todavía que los dos sean hinchas de River" (Cuando Dalma y Gianinna le presentaron a sus novios).

"Beckham es tan guapo que parece una mujer".

"Ben Johnson[111] es más serio que mi suegra el día que me conoció".

"El fútbol de televisión no sirve, porque no tiene pasión".

"Bielsa nos cagó, nos traicionó a todos. Lo que hizo fue de mala leche" (Después de la renuncia del técnico a la Selección).

"Es muy de soberbio decirle no a la selección argentina" (Cuando Carlos Bianchi no aceptó ser el reemplazante de Marcelo Bielsa).

"Pekerman no me llena. Está para campeonatos juveniles. La selección nacional es algo muy grande y a él le falta muchísimo para llegar".

"Shilton quedó como una bolsa de papas" (En el segundo gol a los ingleses en 1986).

"Las camisetas blancas pasaban como abanicos" (En el segundo gol a los ingleses en 1986).

"Coppola se llevó la plata de mis hijas".

"Estoy muerto porque le di mi vida a Guillermo y me equivoqué para siempre. Coppola me mintió mucho tiempo".

"Coppola nunca fue mi amigo. Pensé que trabajaba para mí, pero no hacía nada. Con él me equivoqué. Me quiero matar. No se puede ser tan falso. Se quedó con

---

111. Atleta olímpico.

el millón de dólares de mi partido despedida. Tuve una venda en los ojos".

"Cuando estuve internado tuve miedo de morir. Tuvieron que atarme a la cama para calmarme".

"En un momento vi como que entraba en un largo túnel y los hinchas de Boca, River, San Lorenzo, Racing e Independiente venían y me sacaban y salvaban de la muerte".

"Estuve pendiendo de un hilito entre la vida y la muerte" (Tras una crisis de salud).

"Escuchábamos pin, pum, ruido de palo, de travesaño, Goyco iba de un lado para el otro. Nunca sufrí tanto un partido" (Recuerdo de Argentina 1-Brasil 0 en el Mundial Italia 90).

"Cuando viene Rocha veo pasar el pelito rubio como una flecha y le di el pase" (Relato de su jugada y la asistencia a Caniggia en Argentina 1-Brasil 0, del Mundial Italia 90).

"Cahe[112] es un monstruo. Lo banco con todo" (Defensa a su médico de cabecera).

"Vino a las 7 de la mañana y me dijo: 'Vamos a caminar'. A mí todo eso, después de César Menotti, me chocaba. Pero apenas salimos lo primero que me dijo fue que iba a ser el capitán, ¡me cagó!" (Carlos Bilardo lo designaba capitán de la selección argentina).

"Hace cinco meses que no consumo cocaína y estoy decidido a salir del túnel de la droga. Tengo 44 años y estoy más cerca del final de mi vida que de mi inicio".

---

112. Alfredo Cahe.

"Si para ser técnico de la Selección hay que hacer *lobby* y hablar con periodistas como Niembro[113], yo abandono. Renuncio al cargo".

"Quiero que Kirchner[114] sea Jesucristo".

"Estados Unidos no me deja entrar y tiene a Arnold Schwarzenegger, que es puro anabólico".

"Nunca me gustó despedirme. Las despedidas son feísimas. Son feísimas. Pero seguramente sin que se den cuenta les voy a dar un beso".

"Mi viejo no tenía tiempo para ser amigo mío. Mi viejo se acostaba a las 9 de la noche para despertarse a las 4 de la mañana e irse a la fábrica".

"Nunca, pero nunca les levanté la mano, jamás. Yo sí tuve el tiempo para ser amigo de mis hijas que no tuvo mi viejo y no les levanté jamás la mano a mis hijas. Tuve todo el tiempo para hablarles, para estar con ellas".

"Yo creo que mi único amor va a ser Claudia. Porque hoy por hoy mi amor pasa por mis dos hijas. No tengo otro amor".

"Sí, tengo miedo. Tengo miedo como todo el mundo. O sea, que el Barba diga 'Te tocó'. Y bueno, será porque me tengo que ir. Yo creo que hay un Barba y que es justo y que cuando te toca, te toca".

"Boca ganó una copa importantísima y vos tenés mucho que ver, Mauricio[115]" (En referencia a la Copa Sudamericana ganada por Boca y su único título de esa temporada).

---

113. Fernando Niembro.
114. Néstor Kirchner, presidente de la Nación Argentina entre 2003 y 2007.
115. Mauricio Macri.

2005

"De chiquito decía que iba a ser doctor, que boludo que era ¿no?".

"Conocí el Coliseo antes que los libros".

"Creo que hay una parte del periodismo que por una noticia mata a la madre. Esa gente existe. Ojalá me dejen vivir tranquilo para que pueda volver a la Argentina".

"Con Macri tuvimos una charla que terminó muy bien. Después de varios años en los que yo le pegué mucho, creo que maduró, creo que el presidente de Boca hoy está en un muy buen momento, pese a que perdemos cada vez que salimos de la cancha de Boca. Ya dejó de ser el cartonero".

"Bianchi puede estar enojado con cualquiera, pero no puede dejar de lado el amor de la gente" (Sobre la ausencia de Carlos Bianchi en los festejos del centenario de Boca).

"Estoy cerca de Boca, más cerca que nunca. Es un gran orgullo para toda mi familia" (Sobre la posibilidad de ocupar un cargo en Boca).

"Me reuní con Macri. Estuvimos hablando y le dije que yo no puedo estar detrás de un escritorio y ser una figurita. Hoy me gustaría más que nada poder ser un director general de Boca y tener contacto con el Chino[116], con los jugadores y poder discutir con el técnico los pasos a seguir".

"En Cuba no hay periodismo, porque salvo Granma, que escribe lo que Fidel Castro quiere, nadie más dice nada".

---

116. Benítez.

"Mi madre piensa que soy yo, y su madre piensa que es él" (En respuesta a quien era el mejor, si él o Pelé, en su programa *La noche del 10*).

"Gracias por haber jugado al fútbol, porque es el deporte que me dio más alegría, libertad, es como tocar el cielo con las manos. Gracias a la pelota. Sí, pondría una lápida: Gracias a la pelota" (Esa fue la frase que eligió como epitafio Maradona en una entrevista que se hizo a sí mismo).

"Acá hay mucho hambre, porque en Santiago del Estero, Corrientes, Tucumán, hay chicos que se mueren por desnutrición. En Cuba eso no pasa porque todos comen. Acá, de cien, diez comen y noventa no".

"Amo a Hugo Chávez y la revolución venezolana. Pero me gustan las mujeres, eh".

"Pueden obligarme a pagarle, pero no me pueden obligar a quererlo" (Afirmó sobre uno de sus hijos entonces no reconocido).

"Si vamos a buscar a un arquero de DT, no aprendimos nada" (Cuestionando a Julio Falcioni antes de que asumiera Alfio Basile en Boca Juniors).

"Le amagué así, le amagué para acá y caño. Un golazo" (Recordando uno de sus mejores goles que hizo en su carrera, jugando para Argentinos contra Huracán en 1977).

"No nos olvidemos que los norteamericanos se metieron a defender a Kuwait porque había petróleo. ¿Y por qué no se metieron con Yugoslavia? Porque ahí nada más hay piedras".

"Yo le criticaba al Papa que iba a los países, besaba el piso y no dejaba nada. El Vaticano tiene techo de oro y

eso Dios no lo quiere. Lamento que haya muerto porque es un ser humano menos en la Tierra".

"Yo no le ofrecí tomar agua a Branco. Yo no le dije: 'Vení y tomá de esta cantimplora'. Hacía un calor de morirse y Branco vino y tomó. ¿A mí de qué me pueden acusar? De nada" (Su versión sobre el agua contaminada que tomó Branco en el partido Argentina-Brasil del Mundial 90).

"Un día Grondona me dijo: 'Ezeiza es tu casa'. Pero nunca me dio la llave".

"No teníamos para comer pizza vamos a tener plata para el cabaret".

"Si yo me los ataba en el vestuario, los fotógrafos no venían. Entonces me los desataba y cuando me ponía a atarlos venían todos los fotógrafos".

"Chicho es el ídolo de mi hija, entonces cómo no voy a venir a saludarlo" (Cuando llegó a Medellín de vacaciones y visitó a Mauricio Chicho Serna).

2006

"A los 43 años me di cuenta de que no estaba disfrutando de mis hijas, Dalma y Gianinna, y decidí cambiar" (Por su estado estando en coma por su adicción a las drogas).

"Yo jugué un Barcelona-Real Madrid, que es un partido muy importante, con dos ciudades enormes detrás, pero un Boca-River es distinto. Es como que se me inflama el pecho. Es como dormir con Julia Roberts".

"Quiero acostarme y despertarme jugando en la selección".

"Es una lástima que se vaya porque tiene edad para seguir en el fútbol. Respeto la decisión de Zizou, pero no puedo estar de acuerdo con él. Yo no querría que se fuese nunca. Se despide alguien que le daba alegría al fútbol y todos los amantes de la pelota debemos estar tristes" (Zinedine Zidane se despedía del fútbol).

"Zidane[117] es un maestro. Lo mejor era cómo controlaba el balón con ese cuerpo tan grande que tiene. Porque para mí o Ronaldinho es más fácil, pues somos más pequeños, pero en él es impresionante. Me encanta cuando Zizou la pisa para un lado y se va por el otro. Y, por su cuerpo grande, tiene doble mérito".

"Le voy a pedir que siga jugando, que no se retire, pues a Zizou no lo queremos por las copas que ganó sino por cómo juega y nos hizo disfrutar del fútbol" (Sobre el retiro de Zinedine Zidane del fútbol).

"¿Por qué clasificar a los mejores? Es absurdo. Todos los grandes le dieron alegría a la gente y eso es lo que cuenta. Yo, en Italia, en un fútbol muy difícil, lo viví. Disfruté a Gullit, a Matthäus, a Van Basten, a Baggio. Cada domingo nos turnábamos para alegrar a los locos del fútbol. Y Zidane es de esos jugadores que alegran al pueblo. Pero sin clasificarlos".

"Dinho es la figura actual más grande" (Elogios para Ronaldinho).

"La Quinta del Buitre fue favorita en el Mundial 86 y luego no llegó a la final. De ahí se puede aprender. Para España estar entre los cuatro primeros ya sería muy bueno, todo un triunfo".

---

117. Zinedine Zidane.

"Si Pekerman gana el Mundial, le haremos una estatua para que la besen en la AFA, y si pierde, los argentinos le cortaremos la cabeza sí o sí".

"Yo creo que Aimar es el sustituto perfecto para Riquelme. No hay otro con esas características".

"Yo creo que el Real Madrid necesita un recambio, pero que quizás no pasa por una limpia general, sino por mejorar lo que hay, manteniendo a los grandes como Raúl, Ronaldo, etc. Nadie puede discutirlos. El cambio debe ser para sumar, creando competencia entre ellos, para que nadie se crea titular. El fútbol es así".

"Nunca creí que Florentino Pérez se iba a ir de la presidencia".

"Yo creo que el fútbol es de los jugadores y que los equipos los hacen los futbolistas. Yo lo veo así de claro. Puedes traer al mejor entrenador, pero luego el fútbol se hace en el campo".

"Tienen a los mejores jugadores. La gran diferencia es que ahora todos juegan en Europa, y ahí aprendes a ganar, a cuidar el resultado. *A priori* es imposible ganarles" (Sobre el equipo de Brasil previo al mundial).

"Para mí es un sueño poder mirar un Mundial desde fuera, después de vivirlos dentro, y seguirlos con la pasión y la ilusión de una aficionado más. Yo seré un argentino que apoyará a su selección. Es una forma de no echar de menos el fútbol" (Sería comentarista para una cadena televisiva durante los partidos del mundial).

"Lo quiero mucho al *Pato* Abbondanzieri, pero tiene que estar muerto para salir. Muerto. ¿Tiene fisurada una costilla? Bueno, sigue jugando. Para salir en un momento así, tenés que estar quebrado o tener una cruz en cada ojo" (A raíz del cambio de arquero en cuartos de final ante Alemania en el 2006, cuando Argentina estaba

1 – 0 y terminó perdiendo por penales, la especialidad de Abbondanzieri).

"Lo de Klinsmann[118] fue lamentable. ¡Alemania festejando un tercer puesto, de local! No se puede creer" (Después del mundial).

"Eso le puede pasar a un chico de 21 años, pero no a él. Zidane jugó en el fútbol italiano, sabe cómo es. ¿Qué te pueden decir para que reacciones así? ¿Qué volaste las Torres Gemelas?" (Dobre el cabezazo de Zidane a Materazzi en la final Francia-Italia en el Mundial).

"Basta del llanto de Maradona y el llanto de Mascherano. Quiero ver una imagen de vuelta olímpica. No hubo ningún equipo que jugara mejor que Argentina, ni que España, que hizo una primera ronda bárbara" (Después del mundial).

"La pobreza es mala: Difícil. Yo la conocí bien. Uno quiere un montón de cosas y se tiene que conformar con soñarlas. Por eso sería lindo que hubiera más justicia, más compensación. Que los que tienen mucho tengan un poquito menos y los que tienen poco tengan un poquito más".

"Yo pensaba que no iba a llegar tan lejos con mi fútbol. El de arriba, el Barba, conmigo se zarpó. Me dijo: 'Andá, rompela, hacé goles y dale alegría a la gente'. Me dio demasiado, ¿no?".

---

118. Jurgen Klinsmann.

2007

"Yo siempre desde que jugaba al fútbol decía: 'El golf es para tranquilizarte'. Yo aprendí a los 40 años".

"Mi viejo me enseñó todo lo mejor que pudo. Me educó demasiado bien, el mal aprendido fui yo con todo lo que hice mal en mi vida. Si vieras la ternura que tiene hoy mi viejo en los ojos es algo increíble. Yo siempre les digo a mis hijas que le miren los ojos a mi viejo. Él no habla, no dice, hay que mirarlo nada más".

"Es imposible tener quieto a Maradona".

"El técnico más grande que yo tuve fue Menotti. Tiene las cosas muy claras, a Bilardo lo entendía a través del Profe Echevarría. Tácticamente, Bilardo es diez veces más que Menotti, pero te tenía en la cancha mucho tiempo, mientras el Flaco te lo fraccionaba y te lo explicaba de una manera que vos lo entendías rápidamente".

"Menotti tenía más el equipo en la cabeza y Bilardo me puso un equipo para mí, para que me pudiera realizar".

"Se juegan el podio entre Blatter, Beckenbauer y Platini. Y un poquito más atrás entra el morocho, el diez brasileño. En otra época iba primero de cabeza, pero hoy hay otros. Son todos mamaderas" (Sobre quién es "Más falso que dólar celeste").

"A mí no me gusta el tipo que quiere llegar rampicándose[119] porque él no lo necesita, se lo ganó dentro de la cancha, él no necesita ser un Blatter que nunca le pegó a una pelota de fútbol y tiene que ser mamón para llegar a ser el presidente de la FIFA" (Sobre Pelé).

---

119. *Trepando* en italiano.

"¿Me van a decir que San Martín cruzó los Andes? ¡¿Y encima en burro?! Mentira".

"El showbol es un volver a vivir dentro del fútbol, porque decir que uno 'fue' como jugador es olvidarse de los momentos lindos que vivió. Y uno no se puede olvidar jamás de lo que fue el fútbol".

"Coppola me cagó en todo. Me sacó la plata de mis hijas".

"Tenía razón yo, le había preguntado si jugaba o no, él me contestó que sí y me pidió que me infiltrara. Me infiltré y después me sacó a los diez minutos, ¿cómo no me iba a calentar?" (Sobre su pelea con Carlos Bilardo en Sevilla).

"Ottavio Bianchi, en el Napoli, no sabía nada y tenía un equipazo. Era una cosa lamentable".

"De ninguna manera Ruggeri es ejemplo. Le quiso decir a mis hijas quién era yo, por eso le respondí y le voy a responder. Es otro que está con Coppola. Es un traidor. Lo conozco bien a Ruggeri".

"Yo defendía la camiseta argentina como ninguno y Basile quería lo mejor para la Selección. Yo le servía tanto adentro como afuera de la cancha".

"Contra Uruguay, en Puebla, por el Mundial 86. Ese día en que me anularon el gol, por plancha. Claro, era italiano el árbitro. Ese día jugué mejor que contra Inglaterra, las gané todas, todas".

"Yo voy a defender siempre a Riquelme, no sé cuál es el problema con este chileno[120], si tiene la menstruación o qué, no lo entiendo. Riquelme no es un jugador polémico para decir: 'No lo pongo porque se portó mal o hace

---

120. Manuel Pellegrini.

camarilla o es jodido'. No es así. Lo conozco bien a Román".

"Salí a festejar al Obelisco como todos, pero yo estaba convencido de que estaba para jugar ese Mundial" (Sobre el mundial del 78).

"Riquelme es más fino. Tevez es más villero, como yo".

"No es el técnico que necesita Boca" (Antes de que Carlos Ischia asumiera en Boca).

"Si Pedro[121] firma con Carlos[122] le agradeceré pero me iré a mi palco, no estoy de acuerdo" (Antes de que Carlos Ischia asumiera en Boca).

2008

"Fue algo increíble. Además, era una delicia verlo manejar. Había muchos lugares ciegos y no aflojaba. Yo pensaba: 'Acá salimos disparados'. Me hizo sentir muy cómodo, como si yo estuviera detrás del volante" (Fue invitado a subirse de acompañante al auto de Sébastian Loeb durante el rally realizado en Argentina).

"Ronaldinho es demasiado buen tipo, demasiado buen jugador como para que se lo critique. Ronaldinho le dio todo al Barcelona, tal es así que ahora no juega y el Barcelona no gana nada. Por favor le pido a los barcelonistas de verdad que por favor retengan a Ronaldinho porque si Ronaldinho se va al Milan o va a cualquier otro equipo los va a vacunar, les va a hacer tres goles. Reten-

---

121. Pedro Pompillo.
122. Carlos Ischia.

gan a Ronaldinho. No hagan lo mismo que hicieron con papá, Ronaldo, Romario, Rivaldo y Figo. Así te puedo decir un montón de futbolistas que echaron en Barcelona por celos y la que pierde siempre es la gente".

"La selección es un Roll Royce lleno de tierra. Hay que limpiarlo".

"Es un honor, cumplir un sueño ser técnico de la selección argentina. No tengo miedo de que se me caiga la corona. Peor sería que no saliera a la palestra. Si no estuviera acá sería un cobarde" (En su presentación como DT de Argentina).

"Para mí es un honor y es cumplir un sueño poder estar como técnico de la selección al lado de Carlos[123].

"En Barcelona le dieron la número diez no porque sea buen actor o porque tenga la cara de Brad Pitt, se la dieron porque juega un fenómeno, y porque se fue Ronaldinho. Lo quieren dejar como la gran figura" (Sobre Lionel Messi).

"No he citado a Messi[124] por respeto al Barcelona" (Maradona recordó que el presidente del Barcelona, Joan Laporta, dio luz verde para que Messi pudiera representar a la selección de su país en los Juegos Olímpicos de Pekín).

"Yo aprendí de mis padres que no hay que olvidarse de todo lo que uno pasó. Todo sirve de experiencia como para enfrentar la vida. Si no hubiese tenido una familia que hacía un esfuerzo enorme para pagarme el colectivo y el tren, no habría hecho la carrera que hice".

---

123. Carlos Bilardo.
124. Lionel Messi.

2009

"Escúchame, cuando vos entras a la pelota, no le saques el pie tan rápido, porque sino, ella no sabe lo que vos querés. No hay que tratarla de cualquier manera. Uno tiene que darle a entender lo que uno quiere porque ella lo va a entender" (El consejo que le dio Maradona a Lionel Messi en un entrenamiento de la selección Argentina en Marsella para pegarle a los tiros libres).

"Obama[125] eligió lo que él quiso y a mí no me quieren dar a Ruggeri" (En plena disputa por la incorporación del Cabezón al cuerpo técnico).

"Julio[126], en la primera reunión me preguntó: '¿Te molesta si viene Bilardo?'; 'A mí no', le contesté. Cuando fueron pasando los días me di cuenta que era por si yo no podía mantenerme en pie de la mañana a la noche" (A cuatro meses de haber asumido percibió algo raro).

"Con Benjamín me entró un aire de juventud muy grande" (Se convierte en abuelo por primera vez).

"Es un 60 por ciento Maradona y un 40 por ciento Agüero" (Sobre el nacimiento de su nieto Benjamín).

"En el verano[127] de 1989, había firmado un contrato con el Marsella. Estaba todo listo, pero Ferlaino impidió que me fuera".

"La realidad superó a la ficción" (Contento por el 4-0 a Venezuela en su primer partido como técnico en eliminatorias).

---

125. Barack Obama.

126. Julio Grondona.

127. En referencia al verano europeo.

"Lo quiero de enganche a Román. Si no, no me sirve. Necesito que se pueda sacar un hombre de encima. No sé si tendrá algún problema, o físicamente no estará bien. No quiero que venga y le quite la pelota a Demichelis. Así está a 3 km. del arco contrario" (Riquelme renunció por no compartir los mismos códigos con el DT).

"Es la primera vez que me pasa, Bilardo me había dicho que me iba a pasar, pero bueno, ojalá que pase esta vez y nunca más. Cualquier equipo que enfrentaba hoy a Bolivia sufría lo mismo que sufrimos nosotros" (En La Paz, luego del 1-6 ante Bolivia en las eliminatorias).

"El barba se paseó por el monumental" (Sobre el agónico gol de Palermo para poner el 2 a 1 ante Perú en la anteúltima fecha de la eliminatoria, con riesgo de quedar afuera).

"A los que no creyeron en mí, que la chupen, que la sigan chupando. Ustedes me trataron como me trataron, sigan mamando" (A los periodistas argentinos después de clasificar a la selección de Argentina al Mundial 2010).

"Vos también, Pasman, vos también la tenés adentro" (Al periodista Juan Carlos Pasman, quien lo criticó y se desquitó en conferencia de prensa después de clasificar a la Albiceleste al Mundial 2010).

2010 A 2020

2010

"Quiero festejar porque se cumplen seis años que no me drogo".

"No te perdona el tiempo en un mundial, tenés que jugar como estés".

"Es Mascherano[128] y 10 más".

"El que no quiera ver fútbol, que se vaya a su casa. ¿Te jugás la vida con los tapones? No, jugátela gambeteando" (Cargó contra los árbitros en la conferencia del 16 de junio en Pretoria)

"Esto es lo más duro que me tocó vivir, estar al frente de tantos buenos jugadores, buenas personas, buenos profesionales, esto es como una trompada de Muhamad Alí, no tengo fuerzas para nada" (Tras la goleada 0 – 4 sufrida ante Alemania en los cuartos de final de Sudáfrica).

"Yo soy o blanco o negro, gris no voy a ser en mi vida".

---

128. Javier Mascherano.

“En el mundial, a Messi le faltó el culo que yo tuve en el 86”.

“Grondona me mintió, Bilardo me traicionó”.

“Fue un orgullo muy grande” (Dirigiendo a Lionel Messi).

“El Real Madrid era un puterío antes de Mourinho[129]”.

“Dirigir al Madrid es más que al Barcelona”.

“El mejor regalo hubiera sido seguir siendo técnico de la Selección. Es el cumpleaños más triste de mi vida. Cuando sople las velitas voy a pedir volver a la Selección”.

“Si yo hago cosas malas para mi cuerpo, es como estar eligiendo mi muerte. Pero no quiero morir, ¿eh?, te aclaro, no quiero morir para nada”.

“Si he logrado ser un mito viviente, yo no me lo propuse. Les agradezco mucho lo del mito, pero soy un ser humano como cualquiera. Por el hecho de haber ganado algunas batallas futbolísticas o por defender a la gente como quiero defenderla, no me creo un mito. Pero, les agradezco. ¿Sabés qué pasa? Que acá, para los argentinos, si morís, sos un fenómeno, pero no les voy a dar el gusto. No me tengo que morir para ganar un consenso general. No, ¿para qué?”.

“Si llego a los 60 hago una fiesta para cincuenta mil personas. Pero, en serio, me imagino viendo los videos con mis nietos. Y parecido a mi viejo, seguro”.

“Cuando esté en una cama, postrado, convencido de que me estoy muriendo. Recién ese día dejaré de pelear”.

---

129. José Mourinho.

"A mí me dan bronca muchas cosas. Que Passarella se haya entregado a los directivos, que Platini[130] lo mismo y no haga otra cosa que relacionarme a mí con la droga. Tampoco entiendo a Pelé o a Cruyff[131], que se olvidaron rápido de que ellos fueron futbolistas, que se hicieron grandes del otro lado. Eso es lo que me da bronca a mí. Pero esa bronca me moviliza, me lleva para adelante".

"¿Y por qué no voy a hablar de droga? Si en este país nadie sabe nada de droga. Todos se dan vuelta para el otro lado y prefieren seguir acusando a Maradona, porque así se tapa al resto. ¿Por qué no se ocupa cada uno de sus hijos y de sus casas? Que no tapen más".

"Yo pongo siempre el ejemplo de Baltasar Garzón. Él pelea contra el narcotráfico, contra todo. Y después sale siendo diputado. Entonces, ¿cuál es la verdad? ¿Luchás para el pueblo o luchás para un cargo político? Eso es lo que a mí me jode".

"Yo amo a mi país. Mientras jugaba en Italia y venía de vacaciones acá, lloraba desde la casa de mi vieja hasta Ezeiza cuando me tenía que volver. Amo a mi país. No lo digo de verso. Hice que Claudia viniera a la Argentina para tener a las dos hijas que yo amo".

"De mí podrán decir muchas cosas, que por ahí son ciertas, y yo digo que la mayoría no, porque lo que buscan es apurar al negrito, al cabecita negra, al villero, y no permiten que yo les conteste. Yo estuve siete años en Italia y leí mucho, leí mucho del Che Guevara. Y, por ahí, aprendí lo que en este país no se enseña. Hoy por hoy, acá, el Che Guevara es palabra prohibida".

---

130. Michel Platini.
131. Johan Cruyff.

"Tengo que terminar el secundario. Es una cuenta pendiente. por tener algo, un título. Porque en esta sociedad de mierda se necesita un título para ser creíble".

"Le tengo mucho miedo a la muerte, pero como estuve casi muerto y no me di cuenta, ahora entiendo que en la muerte, por ahí, uno se va y listo. No hay una preparación para eso".

"Lo único que no soy es cagón. Al margen de la droga, creo que suicidarse es escaparse, es dejar a Dalma y a Gianinna, y por eso estoy contento de estar vivo".

"Me di un saque y ya salen todos: 'No quiere a la madre, no quiere a la hija'. Mentira. Mis hijas saben que yo estoy con ellas, que tienen todo de mi parte. Que todo lo que gané, todo lo que tengo, todo es de ellas. Todo. Mira, Dalma me dijo un día: 'Papá, vos le contaste a la gente y no me contaste a mí'. Y yo le contesté: 'No, es que no te conté porque tenía miedo, papá te tiene respeto y papá se equivocó. Yo lo quiero cortar, lo quiero cortar, pero no hay ninguna pastilla, ninguna inyección que cure esta enfermedad increíble'".

"No soy Sábato[132] para hacerme entender, pero voy a hablar con mis palabras".

"Quiero que la gente, a través mío, abra los ojos. Que sepan que, siendo el mejor futbolista del mundo, tuve oportunidad de entrar a lugares donde me dieron ganas de vomitar. Y por eso denuncio. Porque me gusta la plata como a todo el mundo, pero jamás me he vendido. Ese es mi orgullo".

"Siempre tuve el orgullo de salir al exterior a representar a la Argentina. Pero ni en las malas, ni en los peores momentos, sentí que el apellido Maradona era un peso".

---

132. Ernesto Sábato.

"¿Cómo me juzgo yo? Como un hombre que salió de la villa y se bancó lo que pudo bancarse y lo demás lo escupió como pudo escupirlo cualquiera que haya estado en mi posición, nada más. Me mandaron de Fiorito a París y querían que supiera todo. Pero una cosa tengo clara: que no me traten de ignorante. Porque para mí, mi viejo, que no tiene ni primaria ni secundaria, es el hombre más bueno del mundo, es el hombre más puro del mundo y ojalá hubiera muchos hombres como mi viejo. Y sin embargo estos fenómenos que hicieron quinto año, y la facultad, y todo, viven cagando a la gente".

"Me gusta vivir de recuerdos, sí, pero no de jugadas. Prefiero las anécdotas con mis compañeros, todo lo que viví alrededor del fútbol. Por eso, quizás, no hay ni un solo jugador que hable mal de mí. Porque yo siempre los he tratado con respeto, como ellos a mí".

"Creo que Dios me ha dado demasiado siendo futbolista y bien orgulloso que estoy de haber sido futbolista".

"Puede ser que, por ser como soy, perdí la posibilidad de haberle dado a la gente un poco más de caños, un poco más de sombreros. Pero no me arrepiento porque hice mi vida como quise. Y si no hubiera cometido tantos errores, hubiera sido el más grande".

"Es una estatua, no suma nada, no lo conoce nadie, no es representativo. Los chicos no lo entienden, los grandes cada vez lo entendemos menos. Tendría que dar un paso al costado" (Sobre Carlos Bilardo).

2011

"¿Por qué no hubo *doping* en el partido contra Australia? Porque te daban café veloz y por ahí la clavabas en un ángulo. Al café le ponían algo y por ahí corrías más. Eso lo sabía Grondona" (Sobre el partido repechaje en 1993).

"Yo a mis padres les pasaba un sueldo por mes".

"Yo soy villero, de toda mi vida, me tiraron y caí al lado de la torre Eiffel".

"Desde los 15 años que ya me empezaron a poner el cucurucho[133] para que responda".

"No me case jamás con ningún periodista, y no lo voy a hacer, hasta mis últimos días".

"Me hice conductor de televisión cuando no tenía ni la más mínima idea. De que te pregunten a preguntar, es bravo".

"Éramos un grupo de músicos y el mejor te la devolvía con la rodilla" (Cuando asumió en el Al Wasl).

"Yo ya hice mi carrera, y si yo no hubiese tenido el problema de la droga, hubiese sido un gran jugador, podría haber sido brillante".

"He ido a jugar partidos tres días sin dormir. ¿Sabes qué jugador que hubiera sido durmiendo esos tres días que no dormí? Hubiera echo desastre".

"Yo no tenía ninguna necesidad de consumir porque era multimillonario".

---

133. En referencia a *micrófono*.

"El japonés o el chino que invento el teléfono con fotografía se tiene que morir, te vuelven loco".

"Los travestis más lindos del mundo son los tailandeses".

"La derrota más dura deportiva es no haberle podido dar la tercera copa del mundo a mi país en Italia, jugando desgarrado".

"La primera vez que tome droga, ahí yo siento que la cague".

"Cuando comenzamos a salir con Claudia nos prometimos llegar a viejitos juntos".

"Desde que Dios se llevó a mi vieja, me enoje con él".

"Yo no creo en los psicólogos, vinieron a mejorar el mundo y mira cómo estamos".

"Cuando estás en lo alto, no hay presurización allá arriba, y no somos muchos los que llegamos ahí, podrán hablar mucho de mí, pero nadie estuvo conmigo allá arriba, mire para abajo y había muchos mediocres que se creían buenos".

"¿Neymar mejor que Messi? Pelé se tomó la pastilla equivocada. En lugar de tomarse la píldora de la noche se tomó la del día".

2012

"Acá saben que si pierden dos partidos conmigo los limpio, así sean el hijo del jeque o el sobrino del *sheik*" (Dirigiendo al Al Wasl).

"Es un gordo pedorro" (En su cruce con Cosmin Ola-roiu, DT de Al Ain).

"Si te metes con mi mujer, te voy a buscar a tu casa" (DT de Al Wasl contra hinchas rivales).

"Yo vi que a mi mujer la estaban insultado, no importa si estoy en un estadio, una iglesia, una mezquita o donde sea, porque le faltaron el respeto".

"El hombre que agrede a una mujer es un cobarde, porque no tiene las pelotas de enfrentarse a un hombre".

"Yo le diría al *Sheik* o al príncipe que me hagan un contrato de por vida y me quedo a vivir en Dubái".

"Riquelme, si estás vacío, llenate" (Después de la salida de Juan Román tras perder la Copa Libertadores con Boca).

"Pelé dijo que es el Beethoven del fútbol. ¡Que aburrido! Cada vez que se le cruza la pastilla dice estupideces. Yo soy el Ron Wood, el Keith Richards, el Bono. Eso es Diego Maradona: pasión y fútbol. Que Pelé vuelva al sarcófago".

"De tantos agujeros que tenía en mi casa de Fiorito, llovía más adentro que afuera".

"Me daban ganas de entrar a jugar" (Diego Maradona brindó una charla técnica en el vestuario de Tristán Suárez y los futbolistas logran la primer victoria del certamen).

2013

"Voy a viajar a reconocer a Dieguito, no le va a faltar nada" (Tras el nacimiento de su hijo con Verónica Ojeda).

"Todos en Argentina se acuerdan de la Mano de Dios en el partido contra Inglaterra en el Mundial de 1986. Ahora, en mi país, la mano de Dios nos ha traído un Papa argentino".

"Para mí es un gran chico, pero creo que fui el mejor" (Sobre Lionel Messi).

"Para mí Peñarol es Boca y Nacional es River, está todo dicho".

"Yo quiero dirigir a Peñarol" (Luego de su paso por la Selección y por Dubái, expresó su deseo de dirigir al Carbonero).

"Nunca gocé tanto como con el penal de Bermúdez en el Morumbí".

"Le mando un beso grande a los leprosos[134], decirles que los quiero mucho, decirles que los extraño, y que volveré, volveré, porque a mí, cualquiera no me quiebra. Yo me llamo Diego Armando Maradona y soy de Newell's".

"Yo encontré una familia en Newell´s. Es como si nadie se quisiera ir" (Entrevistado por un canal del club).

"La primera práctica fue parecida a la recibida que tuve en Napoli. Fue única. Me acuerdo del Tata[135], que ya era

---

134. En referencia a los hinchas del Newell's.
135. Gerardo Martino.

el técnico adentro de la cancha" (Recordando cuando llego a Newell´s).

"Cuando Benítez[136] se vaya, me gustaría entrenar al Napoli".

"Hay cambios de entrenadores en todos lados, de España a Italia, de Inglaterra a Rusia, pero algunas personas me tienen miedo".

"En cuatro meses se cumplirán diez años de que no tomo nada".

"En la próxima audiencia de mi hija voy a estar ahí. Estoy caliente porque el Kun[137] es un cagón. Yo no voy a las reuniones con los abogados a decir que soy guapo, que esto y que lo otro. Si es guapo, se demuestra en la cancha. Que alguien le diga a mi hija que no le tiene miedo a nadie, como lo hizo el otro, no vale. La próxima vez quiero estar para ver si le dice algo. Insisto, es un cagón, no lo quiero ni nombrar".

"Yo puedo ser cualquier cosa, pero la ignorancia mata a cualquiera".

"Éramos más un equipo y salimos campeones sin entrenador. En la pelea no hay vuelta atrás" (Sobre Carlos Salvador Bilardo, seleccionador con el que ganó el Mundial de México en 1986).

---

136. Rafa Benítez.
137. Sergio Agüero.

2014

"Dos potencias se juntaron" (En respuesta a como definía el lazo Maradona-Papa Francisco).

"Te robé la cartera, Shilton gil".

"Yo le considero un amigo y un tipo que a mí me enseñó muchas cosas de respeto en el vestuario, de saber estar, de escuchar y también de poder compartir concentraciones, poder compartir partidos" (Sobre Óscar Córdoba).

"Si los boludos volaran, los que dijeron eso en Argentina tendrían que andar por el aire. Hace 40 goles y ¿anda mal? Anda bárbaro y va a hacer un gran mundial" (Sobre Lionel Messi).

"Estoy trabajando muy lejos de Argentina, estoy en Dubái, pero siempre con mi corazón en mi país. No me cambia en absoluto el color de mi sangre. Mi sangre es argentina y voy a morir argentino hasta mi último suspiro".

"Messi no necesita ganar el Mundial para ser el mejor del mundo" (En la previa del Mundial de Brasil).

"Sabella[138] era un gran jugador. En Estudiantes lo demostró".

"Desearle a Sabella que tenga toda la suerte del mundo y a los jugadores mucho más todavía, no a Bilardo y a Grondona, que tengan toda la mala suerte del mundo" (Antes del mundial).

---

138. Alejandro Sabella.

"Lo de que se sacrificó[139] por el equipo es todo cuento. Mis equipos jugaron bien. El de Sabella solo en la final, y hasta por ahí nomás. No gusta Sabella. Hay alguien olvidado: Menotti, que por combatir al mafioso no tiene trabajo".

"Messi nos va a dar muchas alegrías, pero no tuvo un buen Mundial. Jugó mejor en el 2010, hizo cinco veces mejor torneo conmigo que con Sabella".

"Esta Selección no jugó a nada".

"Argentina aburrió durante todo el Mundial del 2014".

"Me siento orgulloso de mi mamá, que le dolía el estómago todas las noches para que nosotros pudiéramos comer, también me siento orgulloso de mi papá, quien siempre me llevó a entrenar, pese a todas las dificultades del mundo. Había veces que tenía que ir a pedir plata para poder pagarme el colectivo para que yo pudiera entrenarme. La vida del futbolista no es fácil, lo único que cuenta es la familia" (Sobre sus padres).

"El *Patrón* Bermúdez, Óscar Córdoba y el *Chicho* Serna nos enseñaron a nosotros a ser mejores personas, a tratar mejor a la gente, a tratar mejor al periodismo" (Sobre los colombianos de Boca Juniors).

2015

"¿Que Fidel había muerto?, está más vivo que nosotros".

"En un principio, la idea fue hacer una entrevista de cinco minutos. Pero los invitados principales se retra-

---

139. En referencia a Lionel Messi.

saron, y tuvieron que estirar mi entrevista. Me tuvieron 45 minutos haciendo jueguitos delante de las cámaras. Fue mi primera aparición en la televisión" (Recordando su primera aparición televisiva).

"Gracias por enseñarme a leer el fútbol. Gracias por luchar como un 5 en la mitad de la cancha y por meterles goles a los poderosos como un 10. Gracias por entenderme, también. Gracias, Eduardo Galeano, en el equipo hacen falta muchos como vos. Te voy a extrañar" (Tras enterarse de su fallecimiento).

"James Rodríguez es un zurdo talentoso, exquisito y elegante. Como todos los zurdos".

"Vamos a hacer un partido con mucho cariño y mucho amor, dándole fuerza a esta gente que está arreglando la paz" (Diego Maradona participó de un "Partido por la Paz" en Bogotá).

"Dije una y mil veces que no soy defensor de los corruptos y quiero ayudar al príncipe a cambiar el futuro del fútbol" (Al príncipe jordano Ali Bin Al Hussein en las elecciones para ser presidente de la FIFA, las cual ganaría Gianni Infantino).

"Ver el partido del Barcelona es como decir 'Ya ganó', y a mí me gustan los partidos competitivos".

"Cristiano es un asesino del gol. A Cristiano no le puedes dejar, pasando la mitad de la cancha, patear al arco porque los arqueros le temen. Hay que decir la verdad, los arqueros a Cristiano Ronaldo le tienen miedo. A Messi no tanto, porque no tiene la potencia que tiene Cristiano".

"Cristiano es un profesional increíble y me parece que, hoy por hoy, está cabeza a cabeza con Messi. Ya no es que Messi esté arriba de Ronaldo, o que Ronaldo esté arriba de Messi, ahora están igualados".

"Mou es un amigo, Mou para mí es el mejor, porque él sabe lo que vas a decir 'vos' antes de que lo digas. Por eso es el mejor. A Pep[140] creo que le falta tiempo, como lo que recorrió Mourinho, para ser Mourinho".

"Este fin de semana visité Túnez y tuve un reencuentro muy emotivo con Ali Bennaceur, el árbitro del partido contra Inglaterra, en México 1986. Yo le regalé una camiseta argentina, y él me obsequió la fotografía de aquel partido que cuelga en su casa. Mi dedicatoria: 'Para Ali, mi amigo eterno'".

"Se fue en paz y con todo el amor de todos nosotros" (Tras la muerte de su padre).

"Este señor, nosotros veníamos con Argentinos Juniors y nos pasaba de a cinco. Y yo digo: '¿Cómo puede ser que juegue acá este? Este tiene que jugar en el Real Madrid'. Era mágico, te daba gusto verlo jugar. Yo lo admiré siempre y seguí su carrera" (Sobre Willington Ortiz).

"Ustedes están haciendo felices a un país con miseria. Le están dando a la Argentina lo que Argentina no tiene y no recibe de los que tienen que hacerlos felices" (Maradona se coló en el vestuario de la selección argentina de rugby para vivir de primera mano la celebración de su victoria sobre Tonga el Mundial).

"Yo no soy comparable a ustedes, por eso me echaron de la Selección. No soy comparable, porque la camiseta y la pelota no se manchan" (Diego Maradona a Los Pumas).

"El amor por la camiseta[141] siempre es más fuerte que cualquier cosa".

"Blatter le enseñó a robar a Platini".

---

140. Pep Guardiola.
141. En referencia a la camiseta de Argentina.

2016

"Si era por los argentinos, teníamos que salir con una ametralladora y matar a todos los ingleses. Pero nosotros nos alejamos de ese quilombo" (Sobre la previa del partido contra Inglaterra en 1986).

"A Neymar me encanta verlo, le dan 200 patadas por partido y continúa encarando".

"Tengo segundo año comercial y leo mejor que Macri. No sabe leer y es presidente" (Al expresidente Mauricio Macri).

"Messi es buena persona pero no tiene personalidad para ser líder" (Frase que le dijo a Pelé en un evento con el micrófono abierto).

"Yo no te boludeo, te peleo donde te vea, porque el que te llevó a Boca fui yo, no te llevó ni Bilardo, ni Macri, ni nadie" (En un partido a beneficio por la paz, discutió con Juan Sebastián Verón).

"Messi no es más que Cristiano, y viceversa".

"En el fútbol hay una mafia grande, si no pagas, no entrenas".

"Al Cholo[142] lo felicito como entrenador, pero él se portó muy mal conmigo y nuestra amistad murió".

"A mi último partido en Boca lo llevo en el corazón. Recuerdo que jugué con un desgarro en el aductor. Y, aunque siempre digo que yo nunca me retiré, pienso que mi carrera no podía terminar mejor".

---

142. Diego Simeone.

"Estaba enamorado de Claudia, pero tampoco era un santo" (Sobre su vida en Nápoles, donde le adjudicaban romances con otras mujeres continuamente).

"Veo una Argentina de rodillas, donde todo el mundo quiere ir a comprar y no puede o si va a hacerlo, no le alcanza. Hoy nadie voto a Macri, es una cosa que no me deja dormir".

"A pesar de tener destellos de su hermoso juego de posesión de balón, España parece no ser la potencia que ganó todo de 2008 al 2012. Hay signos de desgaste".

"La defensa de Vicente del Bosque es vulnerable con Gerard Piqué y Sergio Ramos, y el portero David de Gea no ha sido convincente".

"Cuando hablan de la táctica de Bilardo yo digo: ¡Por favor! Si un día antes del partido contra Corea no sabíamos cómo íbamos a jugar; no sabíamos si Burruchaga[143] iba a jugar por la izquierda o por la derecha, si el Checho[144] iba a cubrir por el medio o por el costado".

"El flaco[145] te resumía el partido en dos palabras. Bilardo tenía que pasarte diez videos para explicarte una jugada".

"Transpira la camiseta. El resultado no importa, vos deja todo. Vos sabes lo que es esa camiseta. Yo la transpiré, vos también lo sabes. Lo que los demás digan te tiene que chupar un huevo" (A Aylen Romachuk, deportista de la selección argentina de taekwondo).

"No se puede ver televisión, pero decí que odio a Los Simpson, los odio, los odio. Odio los Simpson, no los

---

143. Jorge Burruchaga.
144. Sergio Batista.
145. César Luis Menotti.

puedo ver, porque si no me pondría a ver a Los Simpson".

"Bielsa tiene más méritos que Simeone".

"Riquelme es el tipo que más rendimiento le dio a Boca desde que volvió".

"Lo de Riquelme fue grandioso y me hubiese gustado ser Riquelme. Imaginate en mi mejor momento en el Napoli si yo llegaba a ir a la Bombonera con la fuerza que llegó Riquelme, hubiese ganado tanto o más que Riquelme".

"A Carlitos[146] lo llevo en el corazón y lo amo. Carlitos es el número uno en el alma y el corazón de Boca".

"Bochini es derecho, pero no tocaba la pelota y los rivales caían de culo. Eso es lo que a mí me impresionaba de él".

"A mí ya me habían pedido el Arsenal, el Barcelona, Sívori me quería llevar a Juventus. Yo tenía un quilombito en la cabeza importante. Por eso cuando hablan de Maradona, hay que ser Maradona. Yo te la regalo, eh".

"A Pelé no se le podía decir nada porque sabía todo. Cabeceaba, pateaba, la paraba con la espalda, con el pecho, con los hombros".

"De los traidores no hablo, yo estoy acá para el Partido por la Paz y él con este partido no tiene nada que ver"(Sobre Mauro Icardi).

"Yo no puedo decir que Messi es más que Cristiano[147], ni Cristiano más que Messi. A mí me encantan los dos, los quiero en mi equipo, porque siempre dan la cara".

____

146. Carlos Tevez.
147. Cristiano Ronaldo.

"Ya no son dos, sino tres caballos que corren para ganar. Tras Rivaldo, Ronaldinho y Kaká, aparece este Neymar, que la rompe y divierte a todos. A mí me encanta verlo jugar. Le tiran 200 patadas y sigue encarando al defensa una y otra vez".

"Piqué[148] me parece que está un escalón por encima de Ramos[149]. Tiene más dominio de pelota. Sergio se traba más con el balón. Pero tampoco Piqué es de los de antes. Me gustan ambos. Pero tengo una teoría: hoy se le da mucha importancia a los defensores porque ya no hay tan buenos delanteros".

"Para mí, no es *crack*. Lo respeto muchísimo, tiene personalidad. También pega unas patadas bárbaras. Pero creo que esta generación de zagueros está lejos de la mía, de los Baresi, Vierchowood, Alexanko, Migueli, Goikoetxea. Esos eran defensas de personalidad, de verdad" (Sobre Sergio Ramos).

"Es un gran jugador, por ahora. ¿Sabe qué pasa? Que si pagan 100 millones de euros por ti, luego tienes que jugar para sostener eso. Y, para mí, por ahora Bale[150] no demostró ese desembolso".

"Ese es un *crack*. Es pequeñito, perfecto para tener ese dominio de pelota. Además, supera líneas, pasa, marca y tiene personalidad. Me parece interesante" (Sobre el croata Luka Modric).

"Me encanta lo que transmite, me da seguridad el tipo. Antes en el Dortmund y ahora en la Premier. Klopp[151] va siempre al frente".

---

148. Gerard Piqué.
149. Sergio Ramos.
150. Gareth Bale.
151. Jürgen Klopp.

"Está haciendo un gran trabajo, y lo respeto mucho como persona y profesional. Él, con River, pasó de ser campeón a salir último. De la gloria al fracaso en pocos meses. Y hoy se mantiene en el alto nivel con un Madrid y un Barça que le sacan dos cabezas en cuestión de jugadores. Las dos Champions las perdió apostando a lo suyo, como es él, con su juego" (Sobre Diego Simeone).

"Guardiola es un chico fenomenal y todo bien, pero que no me hagan creer ese cuento de que el tiki-taka lo creó Guardiola. Yo conozco bien a la pelota y eso lo creó Cruyff, que fue el pionero. Yo soy un clásico, soy de la cuerda de Menotti, de esa época".

"Me alegro cuando gana Zidane, porque él entiende al jugador, y sé que si pierde, los dirigentes van a decir eso de que: 'Fue un buen jugador pero es un mal técnico'".

"No aportó nada al jugador de fútbol. Escupió en su plato de comida. Le hemos perdido el respeto. Se acabó. No nos representó y no nos dedicó ni un minuto" (Sobre Michel Platini).

"He llorado descontroladamente. Me voy para Cuba a despedir a mi amigo" (Tras la muerte de Fidel Castro).

"Fidel me aconsejó, me abrió las puertas de Cuba cuando en Argentina había clínicas que me las cerraban porque no querían la muerte de Maradona. Y Fidel me las abrió de corazón" (Tras la muerte de Fidel Castro).

"Después de las muertes de Tota y mi viejo, es el dolor más grande que tengo" (Tras la muerte de Fidel Castro).

"Yo viví cuatro años en Cuba y Fidel me llamaba a las dos de la mañana para hablar de política, o de deporte, o de lo que se diera, y yo estaba dispuesto para hablar".

"Él me habló muchísimo de la droga, me habló muchísimo de recuperaciones, me habló de que podía y pude" (Sobre Fidel Castro).

"Soy un soldado cubano, nunca seré un soldado 'macrista'" (Contra el expresidente argentino Mauricio Macri).

"Yo soy el representante argentino que vino a despedir a Fidel, porque el Gobierno no entiende nada" (Reclamando contra el expresidente argentino Mauricio Macri por no asistir).

"En nombre de todos los argentinos que queremos a Fidel y al Che les pido perdón porque tenemos un presidente que no sabe absolutamente nada. Si el pueblo sale a las calles no sé si el millonario Macri corta el pan dulce".

"Estoy para lo que necesite Cuba. Daría todo mi cuerpo por esta bandera".

"Muchos cabezas de termo me tildaron de mufa. Que la vayan a buscar al ángulo. Muchos también dijeron que yo quería protagonismo, cuando lo único que quería era alentar" (En la histórica final de la Copa Davis ganada por la Argentina ante Croacia).

2017

"Saber cuánto pesa la Copa Mundial, tenerla en tus manos, es lo mejor que le puede pasar a un futbolista. Tuve el privilegio de experimentarlo entre miles de futbolistas. Me hace sentir agradecido a Dios por haberme convertido en futbolista. Es algo por lo que peleas y te esfuerzas tanto. Y todos nos esforzamos por lo mismo, con la misma pasión y agallas, trabajando horas extras en el sueño de acercarnos a esta Copa. Esto significa el mundo. Tengo el mundo en mis manos ahora mismo" (Sosteniendo la copa del mundo en un reencuentro organizado por la FIFA).

"No tolero que no valoren a Messi por no haber ganado un Mundial. En 56 años no vi nada igual a Leo".

"La droga es el problema más grande, la droga mata. Me considero afortunado por poder hablar de esto. Si hubiera seguido de esa forma, ahora a esta edad ya habría muerto".

"Está haciendo grandes cosas en el Vaticano, le deseó que pueda seguir muchos años en lo más alto".

"El Nápoles sigue en mi corazón, me dio la posibilidad de jugar a altos niveles. Venía de un gran Barcelona, pero el Nápoles me permitió competir con los grandes clubes del norte de Italia. Hice cosas que otros no podían hacer".

"Icardi[152] es un traidor. No puedes ir a cenar a casa de un amigo y casarte con su mujer. Será un grandísimo jugador pero lo que ha hecho a Maxi López es feo".

"El fútbol argentino se está desangrando y todos se están yendo de vacaciones".

"Me dieron ganas de llorar cuando leí lo que contó Batistuta. Hasta mi nieto Benjamín sabe quién es. Es inadmisible que algunos jugadores no lo hayan saludado. Igual, para mí, es culpa del técnico que debería haberles explicado a todos quién fue" (Gabriel Batistuta contó en un programa de televisión que hace poco tiempo ingre-

---

152. Mauro Icardi.

só al vestuario de la Albiceleste y 'la mitad de los jugadores' no le dio 'pelota').

"Tenía 24 años cuando consumí droga por primera vez, fue en Barcelona. Fue el error más grande de mi vida".

"Quisiera que Cristiano sea argentino, pero tuvimos a alguien que se pareció muchísimo: Batistuta la tocaba y era gol".

"Dicen que el cielo no se puede tocar con las manos. Yo lo toqué en Nápoles".

"Juro sobre mi madre, que me mira desde el cielo, que a mí nadie me ha hablado de dinero. Nadie. Cuando me propusieron la ciudadanía acepté inmediatamente ¿Por qué siempre hay que pedir dinero? Para mí no es así. Seguro que quién piensa eso está mal de la cabeza, muy mal. Dinero, dinero, dinero. Me gustaría tener un mano a mano con el que habló de los 230 000 euros que gané, o 450 000 euros, para escupirle en la cara" (Recibió la distinción de 'Ciudadano Honorífico' de la mano del alcalde de Nápoles y algunos políticos opositores aseguraban que Maradona recibiría 230 000 euros por el evento).

"En un pan y queso, me quedo con Messi porque juega a la pelota, no recuerdo verlo jugar mal" (Eligiendo entre Lionel Messi y Cristiano Ronaldo).

"Videla[153] tomaba *whisky* con Mirtha Legrand, conmigo no tomaba *whisky*. A mí me hizo rapar el pelo hermoso que tenía, con todos rulos y me llevó a la colimba. No me la hizo zafar".

"Antes me dormía con una caricia de mi mamá. Hoy que no está, a veces necesito de medicina para dormir".

---

153. Jorge Rafael Videla, presidente de facto de la Nación Argentina entre 1976 y 1981.

"Konami, a vos te digo: te vas a comer un juicio millonario, y toda la plata que te saque la voy a usar para hacer canchas de fútbol para los chicos pobres. Y ahí sí, van a poder jugar a algo limpio" (La empresa japonesa Konami, creadora del juego, utilizó su imagen sin autorización en el PES 2017).

"Una mujer no te mata. Te hace sufrir, pero no te mata. Él tenía sus hijos como para vivir, y eso no se compara con todos los problemas que podés tener con tu pareja" (Revelando los motivos por lo cual su amigo de infancia, Jorge Cyterszpiler, tomó la decisión de acabar con su vida).

"A Jorge Cyterszpiler lo conocía desde que me daba de comer en Paternal a los 12 años. No me entra lo del suicidio".

"No lo podía creer. El Gordo era muy fuerte de la cabeza. Si bien estaba pasando un momento malo familiarmente, no me entra en la cabeza que se haya suicidado. Para mí, el suicidio no entra en esto" (Revelando los motivos por lo cual su amigo de infancia, Jorge Cyterszpiler, tomó la decisión de acabar con su vida).

"Nos dormimos todos. Tendríamos que haber ido nosotros a hacerle de psicólogos" (Revelando los motivos por lo cual su amigo de infancia, Jorge Cyterszpiler, tomó la decisión de acabar con su vida).

"Dani Alves es un boludo. Cuatro eran Cafú, Maicon. Este 'chabón' habla porque está en un lugar de la cancha donde no se juega al fútbol".

"Sigo pensando que mi equipo es Mascherano más diez, pero el mejor 5 de la historia de la selección argentina fue Gallego".

"Sampaoli[154] me llamó y me dijo que quería conocerme y hablar de fútbol, cuando llegó a la Selección no me llamó nunca más. Estoy enojado con el 'corcho'".

"Si a Sampaoli le tiras la pelota te la devuelve con la mano. En vez de juntarse con Macri, que se junte con Menotti".

"Verón fue el que le armo la lista a Sampaoli. Mejor que Verón haga la lista de Inglaterra, pero no la de Argentina".

"Siempre fue mi preferido Carlitos[155], si hay un jugador del pueblo es él, otros pecho frío no. Tevez hizo muy bien en irse, había gente que con toda su trayectoria no lo respetaba".

"Diego Jr. es un chico genial. Lo quiero como si hubiese estado siempre al lado mío".

"Los hijos de don Julio[156] van a tener que demostrar de dónde sacaron sus fortunas. Julio Grondona zafó, se murió a tiempo".

"A la AFA hay que meterle una granada y hacerla toda nueva".

"Quiero recordar al fallecido Benjamin Massing. Fuimos rivales en el debut de Italia 90. Detrás de cada jugador de fútbol hay un hombre y una familia. Mis respetos para ellos".

"No está jugando bien, para nada. En el Madrid cada uno de sus jugadores quería hacer un gol" (Real Madrid compitiendo en el Mundial de Clubes).

---

154. Jorge Sampaoli.
155. Carlos Tevez.
156. Julio Grondona.

"Yo meto una ficha a Gremio. Me parece buen equipo" (Reconociendo al Gremio que enfrentaría al Real Madrid en la final del Mundial de Clubes).

"Que lo vendan. Florentino seguramente hará un trueque con algo y se quedará con medio Madrid o media Italia y Bale jugará en el Milán o en el Inter" (Sobre la situación de Gareth Bale en España).

"De lo poco que vi, lo que vi de Alfredo Di Stéfano, de Cruyff y Messi. Puede estar Cristiano también" (Apuntando quien es el mejor jugador de la historia).

"Me gusta la definición. Yo le reconozco que cuando el equipo le necesita, está" (Elogiando al portugués Cristiano Ronaldo).

"Darle el Balón de Oro a Cristiano y a Messi ya es aburrido. Tendría que meterse en la pelea Cavani[157], Mbappé[158], Ibrahimovic[159]".

"Recuerdo que me decía: 'Cuando te coja' y yo le respondía 'No corras más Camacho, si no me vas a coger" (Recordando sus enfrentamientos con Camacho).

"Es de los jugadores que desgastan a los defensores para que los que realmente tienen que hacer gol, los hagan" (Hablando del francés Karim Benzema).

"El Grupo D es bastante accesible, pero Argentina tiene que mejorar, no puede jugar tan mal" (Al ser consultado tras participar en el sorteo del Mundial Rusia 2018).

"Para mí es la revelación. Él es el que puede superar a muchos. Yo una vez le dije a Florentino: '¡Fichá a Mbappé!'. Se lo dije cuando lo vi en la FIFA. Y me dijo 'sabes

---

157. Edinson Cavani.
158. Kylian Mbappé.
159. Zlatan Ibrahimovic.

que tengo a Ronaldo, tengo a este'. Fichá a Mbappé, qué te importa" (Recordó una vez que se cruzó con el presidente del Real Madrid y le recomendó fichar a la joya francesa).

"Que lo vendan a Bale. ¡Que lo regalen!".

2018

"Yo he recibido muchos golpes, pero la memoria la tengo intacta".

"Chino, jugá con el freno de mano puesto este finde porque sos uno de mis 23 gladiadores" (Ariel Garcé reveló el llamado de Diego cuando lo convocó al Mundial).

"Mi mujer es Rocío[160] y si ella no está invitada, yo no voy" (Diego Maradona dejaba claro que si no está invitada su pareja a la boda de Dalma, él no irá tampoco).

"No va a ser ni la primera ni la última novia que se case sin la presencia de su padre" (Sobre la no asistencia suya al casamiento de Dalma).

"Para mí es muy doloroso, a ella[161] la llevo tatuada en mi piel porque la amo, como a Giannina y a todos mis hijos, me duele en el alma tener que tomar esta decisión, pero no queda otra" (Sobre la no asistencia suya al casamiento de Dalma).

---

160. Rocío Oliva.
161. En referencia a Dalma Maradona.

"El nuevo presidente de la AFA me prometió una cosa en la cara y hoy está haciendo totalmente lo contrario, así que no tengo muchas ilusiones en este Mundial para Argentina".

"Se definirá según el equipo que le forme el portugués a Ronaldo y lo que vimos hasta ahora, o lo que no vimos, de Sampaoli. Vino con un laboratorio a Argentina como si nosotros estuviéramos en la edad de las flechas, y sin embargo no tuvo ningún resultado positivo, salvo el 3-0 con Ecuador (fue 3-1), que sabíamos todos que Ecuador no podía hacer fuerza, prácticamente jugó con la Sub-20".

"Prefiero vivir el después del Mundial, cómo se van a arreglar, cómo sacar chicos para ir a la Sub-15, Sub-17, Sub-20. Eso me tiene más preocupado. Tenemos que volver a nuestras raíces, a las inferiores, buscar jugadores, y poner un parámetro de jugadores para que no salgan de Argentina hasta que tengan 18 o 19 años".

"Hay una atmósfera distinta a lo que era el engaño, el robo, el comprar votos. Eso no se hizo más. La FIFA no está bien vista, pero sigue cayendo gente que se robó la plata y de algún lado tiene que salir esa plata" (Hablando sobre el presente y pasado de la FIFA).

"Donald Trump es un chirolita[162]".

"Al catedrático del fútbol, como le puse yo en una camiseta que le mandé desde Dubái, decirle que no se retire del fútbol porque cuando tiene la pelota el fútbol sonríe, y esto es lo que queremos nosotros" (Sobre Xavi Hernández).

"El problema de la selección argentina es el retroceso, que no lo tenemos. Y no tenemos mediocampo. Yo digo,

---

162. Término lunfardo para referirse a 'títere'.

sin ofender, Biglia[163], ¿se habrá imaginado alguna vez vestir la camiseta de la selección argentina? Con todo el respeto del mundo que se merece él".

"Hoy, salvo Messi, le han perdido el respeto a la camiseta de la Selección. Mirá lo que fue el último partido con Nigeria, casi nos comemos ocho, por favor, ¿sabés lo que pasaba en mi época en un partido así?".

"Sampaoli tiene suerte, si el nene[164] está iluminado, le va a tapar todos los errores. Si él está con las luces prendidas, tenemos un 60 por ciento de chances de ser campeón. ¿Por qué? Porque los demás pueden hacer el coro, pero nunca lo pueden reemplazar cantando. Él es el único cantante, el resto no".

"Sampaoli es un mentiroso, nos esconde las cosas".

"Claro que Tevez merece una oportunidad, no es un debate. No tenemos nada más. Estamos rasguñando las piedras para sacar un nueve, uno que desborde. Carlitos además tiene el fuego sagrado, contagia".

"El otro día a Di María[165] le preguntaron cuál era su sueño. 'Ganar la Champions', dijo. ¿Y la Copa del Mundo con la Selección? Así piensan".

"No me jodas. Acá lo que tiene que buscar Sampaoli son recuperadores, eso falta. Pero no me jodan, si Ponzio[166] es la salvación de la mitad de la cancha Argentina, estamos hablando de un equipo de Honduras".

"Sampaoli tiene que decir que no tiene un nueve goleador en su lista, aunque lo llame al bochornoso de Icardi,

---

163. Lucas Biglia.
164. En referencia a Lionel Messi.
165. Ángel Di María.
166. Leonardo Ponzio.

entonces vamos a muerte con el Pipa[167]. El Pipa es diez veces mejor que Icardi, ese muchacho no sabe nada. De lo que sabe es de ir a comer a la casa de los amigos, eso lo sabe perfectamente, va sin GPS. Por eso para mí el Pipa tiene que tener una nueva chance".

"Chiqui Tapia[168] me traicionó, clarito. Y no a mí solo eh, a muchos que creíamos en él. Hoy está llevando al fútbol argentino a ser Honduras o Costa Rica, con todo el respeto que ellos se merecen. Nunca más me llamó, después de todo lo que yo hice por él. Pero no solo él, también me decepcionó el de Lanús[169] y Víctor Blanco[170]".

"Este es el resultado de haber escuchado a Tinelli[171], él fue quien rompió las bolas para que siga esto, con el famoso negocio de la televisación, otra estafa".

"Yo tuve tres charlas con Angelici[172] y me pareció un tipo sensato, que ve la realidad. Mirá lo que es Boca, tiene un superávit de loco, tiene cien palos en el banco. Tiene jugadores que levantan el nivel de la liga argentina. Vos te imaginás lo que sería el campeonato argentino sin Boca, por Dios. Ojalá le den bola a Angelici, ojalá pueda ser".

"Si yo la sacara así de limpia" (Diego fue a comer a Dubái y enloqueció cuando Salt Bae sirvió un corte de carne que se desmenuzaba sin utilizar ningún cuchillo).

"Mi idea es cuidar a la mujer. No se puede seguir este ida y vuelta en el que la mujer tiene que arriesgar cada vez que tiene un embarazo y tiene que ir a un carnicero

---

167. Gonzalo Higuaín.
168. Claudio Tapia.
169. En referencia a Nicolás Russo.
170. Presidente de Racing.
171. Marcelo Tinelli.
172. Daniel Angelici.

para sacar al bebé. Eso es ser criminal" (Sobre la ley del aborto legal en Argentina).

"No puede ser. El señor Lopetegui[173], representando a un país, firma un contrato por un equipo de España. Sea el que fuere, porque no se trata del equipo. Juega con la ilusión de la gente".

"Me pareció muy correcta la decisión, lo banco porque fue valiente. Hizo lo que hubiera hecho yo. Fue una falta de respeto y la decisión de Rubiales[174] está justificada" (Mostró su opinión sobre la decisión de prescindir de Julen Lopetegui).

"Fernando Hierro fue un monstruo como jugador".

"No voy a cambiar mi pensamiento, si se ofendió le pido disculpas pero Ramos no es un *crack*. Xavi Hernández sí lo era. De los de ahora me cuesta decir uno. Iniesta[175] es crack total, juega con traje puesto, con zapatos de vestir".

"Todo el mundo se comió la galletita de que Sampaoli venía con las computadoras, los drones, con 14 ayudantes, pero Argentina no juega a nada".

"Es inútil querer hacer caudillo a un hombre que va 20 veces al baño antes de un partido" (Sobre Lionel Messi).

"Kanté[176] es una hormiguita que anda por todos lados".

"Nosotros dependemos de Messi y sin Messi somos un equipito más. En el último partido lo vi a Messi muy lejos del arco, sin rumbo como equipo y sin saber qué hacer cuando teníamos la pelota. Vi a un equipo desnudo" (Tras el Mundial de Rusia).

---

173. Julen Lopetegui.
174. Luis Rubiales.
175. Andrés Iniesta.
176. N'Golo Kanté.

"Me siento mal por otro Mundial que pasa y que Argentina no logra tener un equipo consistente. Creo que veníamos aquí al cine más que a la cancha porque veníamos a ver la crónica de una muerte anunciada. Y era verdad, porque Argentina sin querer salió a atacar a Francia y cometió el error de dejarle mucho espacio a Mbappé".

"Zanetti[177] se ofrece de todo. Hay que ser presidente del Inter y él es el primero. Hay que ser preparador físico, él es preparador físico. Si es de jugador, se pone en el banco. No me gusta la actitud de Zanetti".

"Vos tenés que empezar la casa por los cimientos. Y hoy la casa madre del fútbol es un desastre" (Sobre la supuesta reforma que se planifica en la AFA).

"No estábamos preparados para recibir semejante alegría. Sentíamos que México nos agobiaba" (Sobre el Mundial de México 86).

"Pasarella quería ser el capitán, Valdano[178] estaba a favor de él, el Bocha[179] también, pero yo los fui metiendo en el grupo a todos, los hablaba, les preguntaba qué les faltaba, qué querían. A mí no me iban a sacar la cinta ni con un cuchillo" (Sobre el Mundial de México 86).

"No voy a ser un presidente más. Voy a ser el último presidente. Me voy a quedar para siempre" (Asumiendo como presidente del Dinamo Brest).

"Faustino es un grande. Lo adoro porque es el hombre que toma al fútbol y la vida como hay que tomarla" (Sobre Faustino Asprilla).

"Yo no le tengo miedo a nadie en el fútbol".

---

177. Javier Zanetti.
178. Jorge Valdano.
179. Fernando Batista.

"Presi, empieza la revolución maradoniana" (Al presidente de Dorados).

"Quiero ver el sol y acosarme de noche. Antes no quería acostarme ni sabía lo que era una almohada".

"La afición de Dorados es impresionante".

"Acá no hay 'Efecto Maradona', yo sí le pegaba con efecto, de zurda. Sabía que ganábamos cuando los vi entrenar con ganas, estos muchachos tienen hambre de gloria" (Dirigiendo a Dorados).

"Miré para arriba y creí que estaba en la cancha de Boca. Me dije: 'Esta es la cancha de los Bosteros'" (Luego de su debut con Dorados).

"Si alguien dice que Maradona no sabe quién es el 4 o quién es el 5, mira que le puedo meter un contragolpe" (En una rueda de prensa dirigiendo a Dorados en Sinaloa).

"Nadal[180] es fantástico, Djokovic[181] es fantástico, pero como La Máquina no hay. Como Federer[182] no hay ni va a haber".

"Sampras[183] es muy bueno, Agassi[184] es buenísimo. Si quieres te hablo de Connors[185], de Vilas[186]. Quedan todos muy lejos de La Máquina, de Federer".

"A Guardiola le doy el mérito de haber aprovechado la lanza que le dejó Johan Cruyff, el tiki-taka no lo inventó Pep. Eso era de Cruyff. Guardiola tiene ahora para elegir

---

180. Rafael Nadal.
181. Novak Djokovic.
182. Roger Federer.
183. Pete Sampras.
184. Andre Agassi.
185. James Connors.
186. Guillermo Vilas.

al jugador del mundo que quiera. Así es más fácil el ti-ki-taka".

"Me pelee con el Papa porque fui al Vaticano y vi los techos de oro. Y después escuche al Papa decir que la Iglesia se preocupaba por los chicos pobres. ¡Pero vende el techo, fiera, hace algo!".

"Nadie cumple todos sus sueños. Yo todavía tengo, siempre quiero algo más. ¿Saben con qué sueño? Con seguir siendo jugador profesional, con estar adentro de una cancha. Pero ya no puedo. Quiero jugar y no puedo".

"Fidel me dijo que debía dedicarme a la política. Y yo iría con Cristina[187]. Veo a la gente sufrir".

"Primero, Dios hay uno solo. Él tiene hijos y quiere más a unos que a otros. Yo soy a uno de los que más quiere y por eso me da tantas alegrías".

"Siguen sin encontrar el libro, hay cosas del reglamento que no las saben, no es lo mismo el reglamento del béisbol que el del fútbol. Lo que hizo este árbitro no es de una buena persona" (Tras una supuesta actitud del árbitro en contra de su equipo Dorados).

"No me gusta que me gane el árbitro, es imposible jugar 10 contra 12" (Tras empatar Dorados contra San Luis).

"Scaloni[188] no puede dirigir ni el tráfico".

"Yo no me comparo con nadie. Me quieren hacer siempre decir algo de Lio[189], pero no voy a decir nada porque conmigo se comportó siempre diez puntos. Pero Mara-

---

187. Cristina Fernández de Kirchner, presidenta de la Nación Argentina entre 2007 y 2015.
188. Lionel Scaloni.
189. Lionel Messi.

dona hay uno solo, y que se dejen de hinchas las pelotas".

2019

"Me he comido varias minas, pero hoy Verónica[190] es la madre de mi hijo".

"Yo no soy un *pegador*, pero era para arrancarle la cabeza. Me hizo de todo" (Sobre Rocío Oliva).

"La casa[191] que le di a su familia es mía, y me la voy a quedar. Lo lamento. Si vos no sabes mantener a tu hija y no le das un buen correctivo. Yo no soy Papá Noel que voy por los colectivos preguntándole a la gente qué necesita. Yo trabajo, como trabaja todo el mundo" (Sobre la separación con Rocío Oliva).

"El amor con Rocío está muerto. Ella no me despierta nada. Hace mucho tiempo que duermo solo. En Dubái, ella esperaba a que yo me durmiera para ir a sacarse fotos y mostrarle a sus amigos y esconderme cosas. Ya estaba muerto todo".

"Tiene una contextura física maradoniana. Nada que ver con Ojeda. Ahí no hay ADN. Es una mole dulce. Le tenemos que dar más dulzura, más cariño. Tenemos que estar con él" (Sobre Dieguito Fernando).

"A mi hijo no me lo sacan de al lado mío ni con la orden de Oyarbide[192]. No hay nadie que se interponga".

---

190. Verónica Ojeda.
191. En referencia a la casa de Bella Vista.
192. Norberto Oyarbide, exjuez federal.

"Con Dalma tengo un amor increíble porque es la primera y la única. Y eso nadie me lo va a sacar del corazón. Pero Dalma nunca fue a ver a mi mamá, la única abuela que tenía era la madre de Claudia. Y yo tengo un puñal clavado en el corazón por eso. Dalma no puede decir absolutamente nada porque es como yo digo".

"Dalma no me avisó de la muerte de mi mamá. Yo estaba en Dubái, ganando un partido 2 a 1, entro al vestuario eufórico y me agarró el profe y me dijo: 'Se fue tu vieja'. Ella no estaba con mi mamá. Dalma fue a verla hasta los 7, 8 años, después no fue más. Y para cubrirse, a veces iba para fin de año".

"Tota[193] me preguntaba por qué Dalma no la iba a visitar y yo le decía que estaba trabajando. Eso nunca se lo perdoné. No tiene explicación. ¿Cómo no se iba a hacer tiempo para ir a ver a la abuela? Estamos todos locos".

"Me gustaría tener a todos mis hijos juntos, pero el que no quiere, no quiere".

"Acá[194] no hay laburo. Acá te echan. Estoy triste por la situación del país. Hoy mi hijo y yo tenemos que salir a la calle con custodia. No es bueno, no es agradable. No se puede creer cómo la gente parece zombie. Tienen a la gente anestesiada".

"Macri tiene más vacaciones que yo".

"Quiero que vuelva el peronismo, un peronismo serio, con Cristina[195]. No sé si ella podrá, pero no se le caen los papeles de la mano, habla con inteligencia y con lo que necesita el pueblo. Habla por los valores que le dejó el peronismo a 'Cambiemos'. Y cambiamos todo, pero

---

193. En referencia a su madre.
194. En referencia a Argentina.
195. Cristina Fernández de Kirchner.

cambiamos el bolsillo. La que teníamos nosotros, ahora la tiene él[196]".

"Boca, sos el beso de mi mamá" (En un saludo por los 119 años del club).

"A nosotros no nos compra ese tirano que tienen de presidente" (En referencia al presidente estadounidense, Donald Trump).

"Quiero dedicar el triunfo a Nicolás Maduro y a toda Venezuela que está sufriendo porque los sheriffs del mundo, que son los yanquis, se creen que nos pueden llevar por delante" (Dirigiendo a Dorados).

"Pedí una casa y me dieron un departamento, pedí un Ferrari y me dieron un Fiat" (Sobre su llegada a Napoli en 1984).

"Voy a hablar con el presidente[197], termine como termine esto, quizás deje Dorados y no tengo ningún contrato firmado con nadie. Soy Diego Armando Maradona, hay un penal muy claro sobre Escoto. ¿Saben por qué no lo cobran? Ustedes van a decir que no lo cobró porque era el equipo de Maradona, entonces, yo le estoy haciendo un mal a Dorados y por eso me voy".

"Yo jugué un partido de fútbol. Ellos se jugaron la vida. Mi respeto a los veteranos y a los familiares de los héroes caídos en nuestras Islas Malvinas".

"Yo gané, perdí, empaté en la vida, estuve al borde de la muerte, a mí esto no me hace nada. Estoy triste" (Tras perder su segunda final dirigiendo a Dorados).

---

196. En referencia a Mauricio Macri.
197. En referencia al presidente del club.

"En un país donde el trabajo no abunda, a mí me dieron trabajo, pero yo no me arrodille ante nadie, yo vine y a mí me gustó la idea de Gimnasia y la tome enseguida".

"Cozzoni no le hizo ni un gol a la mujer" (Como nuevo DT de Gimnasia quiso recordar a Mazzoni, autor del gol que arruinó el título en 1995).

"Les quiero prometer una cosa, que mientras yo este dirigiendo todo este grupo[198], este grupo va a ser un ejemplo".

"Estoy de pie, como quería la Tota. Ella me decía: 'No te mueras por esta porquería'. Y no me morí por esta porquería. ¿Qué me diría mi viejo si me viera? '¡Caminá mejor, carajo!'".

"No voy a faltar a ningún entrenamiento. Acá se viene a entrenar y el que no entrena no juega. ¡El que no corre no juega!".

"Cuando salí de la manga, en la cancha de gimnasia, se me apareció mi mamá".

"Yo necesitaba vivir uno de los últimos años míos en mi país y después veo lo que hago".

"A mí me gusta ganarme la plata corriendo, como lo hice toda mi vida".

"Si me anula un gol el VAR se arma un quilombo".

"A Mastrángelo[199] no le dije nada porque ya es malo, nació malo y va a morir malo" (En referencia al árbitro que dirigió Talleres contra Gimnasia).

"Los argentinos somos todos de Boca, y al que no le guste, que se joda, loco".

---

198. En referencia al club Gimnasia de La Plata.
199. Hernán Mastrángelo.

"No quiero más reconocimiento, quiero puntos" (Primer triunfo como DT de Gimnasia).

"Tengo muchas cábalas pero mamá no es cábala, es alguien que llevo adentro mío por el resto de mis días".

"Cuando vos estabas en los huevos de tu viejo, yo ya salía en televisión, mira vos si me gustara la cámara, o a ver si te van a venir a buscar a vos" (Discusión en el entretiempo contra Gastón *la Gata* Fernández).

"Esto[200] es lo que nos da vida" (El entrenador de Banfield y el de Gimnasia se fundieron en un cariñoso abrazo luego del empate 1-1 que protagonizaron sus equipos).

"De Estancia Chica me va a tener que sacar Gendarmería" (De ninguna manera pasaba por su cabeza irse de Gimnasia).

"Levantarse y ponerse de pie como hicieron mis jugadores es para sacarse el sombrero" (Tras el triunfo post-clásico contra Estudiantes).

"No me fue a pedir disculpas, nada, no escuché nada ni quiero tampoco. Viene de Estudiantes, de la contra y es amigo de Verón, así que está todo mal. Donde lo veo lo peleo, directamente" (Sobre su discusión con contra Gastón *la Gata* Fernández).

"Hoy vi la conferencia de Daniel Angelici, y creo que el ídolo de un club, como Riquelme, no puede escuchar ofertas y venderse al mejor postor. Yo jamás lo hice. Los dólares no pueden pesar más que las convicciones" (Declaró Maradona en el contexto de las elecciones presidenciales en Boca).

"Dicen que cuando yo nací, tenía pelos por todos lados, era peludo, entonces me pusieron 'Pelusa'".

---

200. En referencia al fútbol.

"Manu Ginóbili es como Messi y Ronaldo en el fútbol. Está por sobre todos. Es el mejor deportista de la historia argentina. Lo que pasa es que hay otro que jugaba de diez que le pisa los talones".

"No me enfrentaría con Messi jamás. Yo no lo critico, el pibe viene, juega y dicen que es cátalan porque no canta el himno. Yo soy amigo de 'Leito'".

"En Napoli, el gol de Schillaci[201], que entre paréntesis era offside, estaba adelantado, lo cobraron igual, pero bueno, está bien, si cobraron el de Schillaci tenían que cobrar el mío contra Inglaterra".

"Me crié con amor. No me crié ni con bicicleta, ni con asfalto, ni con un patio de baldosa, yo tenía un patio de tierra. Comíamos carne solamente cuando cobraba papá, todos los cuatro. Ese día comíamos milanesas. Era como llegar a Navidad".

"Soy un tipo normal, que por hacerle un golazo a los ingleses, que nos mataban a los pibes en Malvinas, hoy todo el mundo me reconoce. Soy un tipo totalmente normal".

"Si no hubiese consumido cocaína, habría sido el mejor futbolista de todos los tiempos".

"Con Careca hice la mejor dupla".

"Lo del doping del 94 no se lo cree ni un nene de cinco años".

"Yo el primer sueldo que cobre, me la lleve a mi vieja, fuimos a comer a Pompeya, ahí a la pizzería, cuando salimos el sueldo ya se había terminado".

---

201. Salvatore Schillaci.

"Daría todo lo que tengo porque mi vieja aparezca por esa puerta".

"Alfonse Tchami si no veía un hueso no lo pateaba, si el no veía una tibia no pateaba al arco".

"¿Una canción? Perra, de Los Palmeras" (En una entrevista).

"A Palermo se lo saque entrando a la cancha de River. Yo lo convencí. Mascardi[202] me quería matar".

"Nosotros los hinchas de Boca nos caracterizamos por cantar, por eso me gusta tanto Gimnasia".

"El único que me puede hacer cerrar la boca a mi es Benjamín[203]".

"Yo no tengo nada en contra de Scaloni, pero no hizo nada por nosotros. No se puede regalar el prestigio así porque sí, a nosotros nos costó lágrimas de sangre llevar a la Argentina cuando salimos segundos en el 90 y primeros en el 86".

"La camiseta de Boca es la camiseta de hierro más pesada que yo tuve, yo erre un pase y me silbaron".

"Yo no soy maleducado, soy mal aprendido, en mi casa me educaron con amor".

"Yo cuando tomaba falopa no tenía nada, era un zombie".

"Que nadie se ponga ninguna medalla por sacar a Maradona de la droga, a mí me saco Dalma".

---

202. expresidente de River.
203. Benjamín Agüero Maradona, su nieto.

"Lo de Di Stéfano[204] fue superior a todos nosotros, incluso a mí".

"A la copa del mundo muchos no la tienen, no saben cuánto pesa".

"A la copa del mundo le dije quédate conmigo para siempre".

"Nosotros tenemos una pelota en el pecho, que nos dio de comer toda la vida, a esa no le podemos faltar".

"Poca gente lo sabe, pero cuando estaba en las inferiores de Argentinos Jrs. yo trabaja de fumigador. Y completo, eh: la ropa, la escafandra. Íbamos a edificios. Tenía 13-14 años. Yo conozco el sacrificio. Otros solamente hablan por hablar".

"¿Si creo en los ovnis? Para qué vamos a inventar. Una vez, con unas copas de más, falté a casa tres días. Llegué y dije me habían llevado los ovnis. 'Me llevaron, no te puedo contar', dije".

"Mañanero me encanta. Te levantas con una fuerza después".

"Passarella no quiso jugar el Mundial[205] porque era Menottista. Yo también lo soy, pero quería jugarlo para mi gente".

"Hay que felicitar al *Muñeco* Gallardo, que está haciendo un trabajo fantástico y ganó todo".

"Si hay una cosa que valorar de Riquelme es que nos dio títulos. No me importa lo del vestuario. Porque yo en el vestuario no estaba. Me contaron que hacía esto, lo otro. Si yo estaba en el vestuario, él no lo hacía. Lo boxeaba de lunes a viernes. El sábado lo dejaba des-

---

204. Alfredo Di Stéfano.
205. En referencia al Mundial de México 1986.

cansar. Y que el domingo que fuera a la cancha a jugar. Esos son códigos que tenemos los futbolistas".

"Un árabe me quiso regalar un zoológico. Le dije: 'Esperá maestro, quién le da de comer al león, yo tengo un cagazo bárbaro'. La casa era hermosa, pero estaba a 100 kilómetros de la piscina, el baño estaba a 50 kilómetros. Le dije: '¿Acá andaban en moto, viejo?'".

"Estoy con el perfume del césped otra vez, ese es el mejor perfume que puede haber, no hay otro" (DT de Gimnasia 17 de diciembre de 2019).

"Román, con el vestuario no se maneja un club. Es mucho más difícil que parar la pelota, dar un pase o patear un tiro libre" (A su criterio, Riquelme no se encuentra listo para ocupar un cargo dirigencial en Boca Juniors).

"Boca es mucho más grande que Gallardo[206] o que cualquier entrenador. Lo que tiene que hacer Boca es jugar como se jugaban los clásicos con Bianchi. Hay que sacarse esa carga y la mejor manera es con un partido, con un triunfo. Gallardo está de racha, pero es un técnico tremendo".

"Él vive para esto y dirige como jugaba. Es como yo, piensa los partidos atacando, con intensidad, como jugábamos en la cancha. Se merece todo lo que le pasó en River, pero basta viejo, hasta acá llegaste. ¿No querés dejar nada para los demás? (Bromeando sobre Marcelo Gallardo).

---

206. Marcelo Gallardo.

2020

"Ayuden a comer a la gente. Lo mío no es *show*, porque yo la pase, yo pase en Fiorito más que frío".

"Tus decisiones le cagaron la vida a dos generaciones de argentinos" (Al expresidente Mauricio Macri).

"No la puedo soñar a mi vieja, es lo único que me preocupa, nada más".

"Antes no habían fechas FIFA, los clubes te retenían el pasaporte, y las federaciones no estaban obligadas a cedernos. Aquel era otro fútbol. Era otro mundo" (Recordando el partido de eliminatorias contra Venezuela en 1985).

"Antes no era como ahora. Era todo distinto. Las canchas, la pelota, los botines, el arbitraje, el entrenamiento, la alimentación, la medicina, el periodismo, los medios de comunicación, el transporte, los hoteles, el descanso. El *Fair Play* no existía, te cagaban a patadas".

"Quiero decirles que yo no me borré. Que yo nunca me saqué la camiseta de la Selección. No le mientan a la gente. Que la cuarentena no les afecte, muchachos. Porque aunque en algún momento yo no haya estado, la 10 va a ser siempre mía".

"En este país hay ricos y pobres. El que tiene se la guarda y el que no pide por la calle. Estoy a favor de su aplicación. Totalmente. Hay que equiparar las cosas" (Diego a favor del impuesto a la riqueza).

"En Villa Fiorito está todo igual. Lo único que no cambió son las ganas de comer de la gente. Con todo el dinero que se han robado no hicieron nada para la gente. Los ricachones se llevaron todos los verdes".

"Alberto[207] arrancó diez mil puntos y ahora está en cien mil. Tiene que sacar de la pobreza a la gente. Darle un pan. ¿Estos ladrones no podían haber robado un poco menos para darle a la gente? Lo de Macri no es de ahora, ya venía de familia".

"Que no nos pongan piedras en el camino. Con la jefa[208], y ahora el jefe[209], no se jode. Están haciendo las cosas maravillosamente bien. No nos olvidemos de Axel Kicillof que está laburando bien. El presidente tiene las pelotas para enfrentar lo que haga falta. Si lo sabré yo que las mafias existen".

"Barcelona me abrió las puertas de Europa. Yo estaba en Boca, un gran club, pero era un sueño para cualquier jugador del fútbol argentino y por eso les agradezco. De todas maneras, escribí mi historia en azul. Mi corazón está en Nápoles".

"Yo buscaba una pared, porque los ingleses eran una roca, todos los de la defensa eran grandotes. A Valdano lo anticipa Sansom, entonces cuando vi yo que la pelota iba para arriba digo: 'No la alcanzo nunca, por favor baja'. Y se me ocurrió una idea: meter la mano y meter la cabeza. Cuando yo caigo, Shilton no entendía adonde estaba la pelota, y yo miro y la pelota está en la red. Y empiezo a gritar: 'Gol, gol'. El boludo de 'Checho' me dice: 'Pero lo hiciste con la mano', y le digo 'Callate la boca, boludo, y abrazame'" (Recordando el gol de La Mano de Dios).

"Viste que yo genero eso, yo atraigo a los hijos" (Felicitando a un periodista que había sido papá al tiempo de entrevistarlo).

---

207. Alberto Fernández, presidente de la Nación Argentina desde 2019.
208. En referencia a Cristina Fernández de Kirchner.
209. En referencia a Alberto Fernández.

"Yo confío en Putin[210], estoy seguro de que en poco tiempo va a tener una vacuna, porque esto ya no se aguanta más" (Sobre la pandemia del coronavirus).

"Le pido a Dios que se apruebe la ley de Aporte Solidario de Grandes Fortunas. Porque en este momento de crisis, se necesita de la ayuda de los que más tenemos. Yo perdí a mi cuñado por Covid y sé lo que es no poder despedir a un ser querido".

"Hola Mario, habla Diego, sé que te parecerá increíble esto pero la veo bien a Vero, me dijo que está con vos, cuidala mucho, y de paso me cuidás a mi ángel que no tiene parangón con nada. Mirá que yo tengo un montón de hijos pero este me va a sacar la última cana. Un abrazo" (En un audio de WhatsApp enviado a Mario Baudry, actual pareja de Verónica Ojeda, confesando cómo la ve a su expareja y un pedido especial con respecto a su hijo, Dieguito Fernando).

"Messi y Cristiano, Cristiano y Messi. Para mí, estos dos están muy por encima de los demás. No veo a nadie acercándose a ellos. Ni uno solo logra la mitad de lo que hacen" (En una entrevista a *France Football* consultado sobre el mejor jugador en estos tiempo).

"Mi viejo fue peronista, mi vieja adoraba a Evita, y yo fui, soy y seré siempre peronista" (En el Día de la Lealtad).

"Yo le pido al pueblo argentino que apoye a este Gobierno. Que lo haga desde sus casas, desde las redes. Porque este gobierno no es de Alberto y Cristina. Es de todos. Ya no es más el país de Ricachón y sus amigos" (Refiriéndose al expresidente Mauricio Macri).

"Me da mucha pena cuando veo chicos que no tienen para comer, yo sé lo que es pasar hambre, sé lo que se

---

210. Vladimir Putin.

siente en la panza cuando no comés por varios días y eso no puede pasar en mi país. Ese es mi deseo, ver a los argentinos felices, con trabajo y comiendo todos los días".

"El fútbol me dio todo lo que tengo, más de lo que hubiese imaginado. Y si no hubiese tenido esa adicción habría podido jugar mucho más".

"Esto es lo peor que nos pudo pasar, nunca vi algo igual. Y a Latinoamérica le pega mucho más. Ojalá termine pronto, hay gente que no la está pasando bien, mucha gente que quedó sin trabajo, que le cuesta poder tener para comer" (Con respecto al coronavirus).

"Yo a la gente le voy a estar eternamente agradecido. Todos los días me sorprenden, lo que viví en esta vuelta al fútbol argentino no me lo voy a olvidar jamás. Superó lo que yo podría imaginar. Porque estuve mucho tiempo afuera y a veces uno se pregunta si la gente me seguirá queriendo, si seguirán sintiendo lo mismo. Cuando entré a la cancha en Gimnasia el día de la presentación sentí que el amor con la gente nunca se va a terminar".

"Donde la bandera argentina esté presente siempre voy a estar alentando. Cuando veo la cara de algún deportista argentino que gana me emociona. El otro día veía al Peque [211] con Nadal y sufría más que él".

"Sueño con hacerle otro gol a los ingleses, esta vez con la mano derecha" (En una entrevista a France Football).

"El Barcelona no es un club fácil y son muchos años los que él lleva ahí y no lo trataron como se merecía. Les dio todo, los llevo a lo más alto y un día quiso salir para cambiar de aire y le dijeron que no. Lo que pasa es que pegar un portazo no es fácil, hay contrato, un club muy

---

211. Diego Schwartzman.

grande, la gente que te quiere. Yo en el Napoli no lo hice" (Caso Messi-Bartomeu-Barcelona).

"Estoy abollado, pero todo bien. Sabes que no me gustan las intimidades, pero cuando estoy con gente buena salgo de mi madriguera. Un beso Luque, Leopoldo Jacinto Luque" (Diego aparece hablando en un video dirigido a su médico desde la casa del barrio San Andrés de Tigre, después de recibir el alta tras la operación del hematoma subdural a la que había sido sometido en la Clínica Olivos).

BIBLIOGRAFÍA

SOBRE EL AUTOR

Lucas Ezequiel Almada, arroyitense, nació en el año 1989. Su fanatismo por Diego Armando Maradona comenzó desde muy chico, inculcado por su familia, y en los picados entre amigos soñaba en ser como él. Defensor de Diego contra sus detractores, embanderado en el lema: "No me importa que hizo Diego con su vida, me importa lo que hizo con la mía". Es el creador de la cuenta de Twitter: @ElDiegoPics.

www.ingramcontent.com/pod-product-compliance
Lightning Source LLC
Chambersburg PA
CBHW071418150726
48000CB00001B/393